Dat heißt Pommes!

Ralf Stutzki • Henning Prinz

Frittenführer
Ruhrpott

Eichborn.

Ode an Rot-weiß-Helga aus Recklinghausen Ost

Engelsgleich gelockt das Haar
Die Lippen purpurrot
Bezahlen tut man hier in bar
Anschreiben nur zur Not

Der Kittel himmelweiß gebleicht
Nur er kennt die Geschichten
Von Fettspritzern vergangener Zeit
Wohlan, so läßt sich's dichten!

„Wie immer?" – „Ja, wie immer, gern!"
Der Gruß durchtränkt mit Amors Schmerz
Ach, wenn wir beide Würste wärn
Flöß Currysauce durch das Herz.

Geschwind, die Fritten rein ins Fette
Die Currywurst hoch mit der Zange
Die Schere schnippelt um die Wette
Seht nur, es dauert gar nicht lange

Schon sind die Stücke auf dem Teller
Die Fritten kommen hinterher
Die Mayo holt sie aus dem Keller
Oh, weh, der Eimer ist ihr schwer

Ein voller Löffel auf die Fritten
Die Kelle Sauce auf die Wurst
Ach, Liebstes, darf ich dich noch bitten?
Ja richtig, Pils, beim Anblick Durst!

Fertig ist es, das Gericht
Die Magenschleimhaut bibbert laut
Doch keinen Happen man erbricht
Weil man ja Helga doch vertraut!

Oh, Rot-weiß-Helga
Du machst die Mayo selber
Hast mir die Wurst geschnitten
Du bist mir wohlgelitten

Oh, Rot-weiß-Helga
Wo ist die Mayo gelber?
Um deine heißen Fritten
Brauch ich dich nie zu bitten

Die Deutsche Bibliothek - CIP-Einheitsaufnahme

Frittenführer Ruhrpott / Henning Prinz ; Ralf Stutzki. -
Frankfurt am Main : Eichborn, 1998
ISBN 3-8218-3080-8

© Eichborn GmbH & Co. Verlag KG, Frankfurt am Main, Juli 1998.
Umschlaggestaltung: Moni Port
Illustrationen: Heiko Sakurei
Fotografien: Markus Püttmann, Torsten Janfeld, Rüdiger und Henning Prinz,
Holger Müller
Layout: Oliver Schmitt
Druck und Bindung: Fuldaer Verlagsanstalt
ISBN 3-8218-3080-8

Verlagsverzeichnis schickt gern:
Eichborn Verlag, Kaiserstr. 66, 60329 Frankfurt.
http://www.eichborn.de

Inhalt

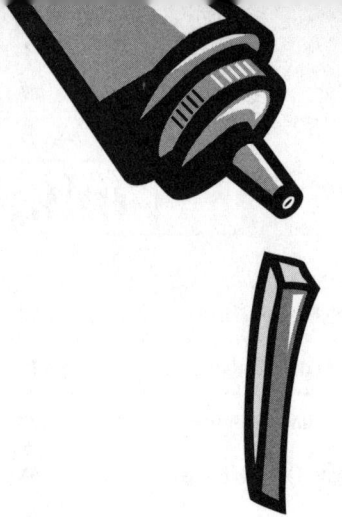

Vorwort

Ein riesiger Andrang: „City-Grill", Duisburg.

CPM (Currywurst-Pommes-Mayo) gehört von Anbeginn zu den herausragenden Gastritis-Förderern der ruhrgebietschen Magenschleimhaut. Inmitten großer Industrieanlagen, umgeben von Stahlwerken, Zechen und Fußballstadien kultivierte der Ruhrpott ungefragt eine Identifikationspflanze, deren Substanz auch in wirtschaftlich schweren Zeiten nicht zu bröckeln wagt. Auch die Autoren sind seit jeher dem Mythos und Kult von CPM und seinen Vertriebskanälen erlegen und haben es schließlich als ihre Pflicht angesehen, Wissen und Erfahrung auch an kommende Generationen weiterzugeben.

Bevor jedoch die Frittenreise losgeht, müssen noch zwei Dinge klargestellt werden:

1. Die im folgenden beschriebenen und getesteten Buden haben in der Wertung alle mindestens 2 Fritten erhalten und somit Kultstatus erreicht.

2. Ohne Holger Müller, Bernd Niestrath, Erik Urbaniak und Klaus Friedrich wäre dieses literarische Werk, zumindest in dieser Form, wohl kaum entstanden. Ein nicht unbeträchtlicher Teil des getesteten Kunst- und Naturdarms landete auch in ihren Mägen, und dafür gebührt ihnen großer Dank!

Das Projekt unterstützt haben weiterhin Torsten Janfeld, Heiko Sakurai, Rüdiger Prinz, Markus Püttmann, Jochen Lehmann und Niklas Nowatius. Die Autoren psychologisch betreut haben Susanne Kemming und Eva Stutzki.

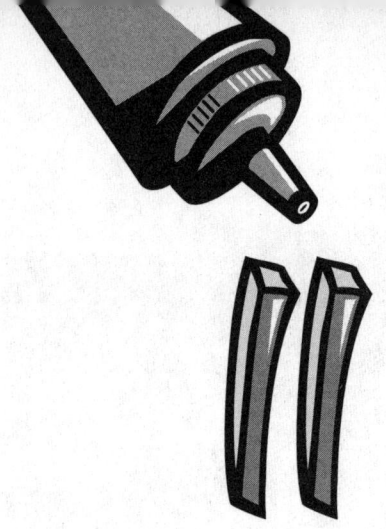

Die Geschichte der Fritte

Die Frittenforschung

Die Geschichte der Fritte ist so alt, wie man sie heute noch mancherorts serviert bekommt. Von Anbeginn, also sozusagen von Alpha, vielleicht aber sogar noch etwas davor, war das Wort – Fritte! Dies mag anmutend klingen, wird aber nach aufmerksamer Recherche der heutzutage zugänglichen Frittendokumente transparenter.

Das vorliegende Standardwerk erhebt nicht den Anspruch historischer Vollständigkeit; vielmehr handelt es sich hierbei um eine geschichtliche Quantensprung-Analyse, deren Ergebnisse allerdings frittologisch zweifelsfrei fundiert sind.

Die Frittenforschung ist heute imstande, nahezu sämtliche Fragen rund um Pommes rot/weiß eindeutig zu beantworten. Das gilt auch und besonders für jene Fragen, die bisher noch gar nicht gestellt worden sind. Die folgende Abhandlung beschränkt sich daher auch nur auf die wesentlichen Schwerpunkte eines in der Tat hochkomplexen Themas. Neben einer schönen Inhaltsangabe und dieser Einführung werden wir die Frittenentstehung gerafft dokumentieren und belegen, daß CPM (Currywurst/Pommes/Mayo) nicht, wie oftmals angenommen, aus Berlin, geschweige denn aus dem fast gleich großen Holland kommen. Die eigentliche Frittenheimat war, ist und bleibt der Ruhrpott.

Als berufene Wächter dieses heiligen, kulinarischen Gutes haben wir deshalb 55 führende Pott-Frittenbuden einem harten Test unterworfen, dessen Ergebnisse wir dem Leser nach Kauf dieses Buches kostenlos zur Verfügung stellen. Zu guter Letzt werden Prominente auch in diesem Buch zu Worte kommen. Ihre Erlebnisse rund um Pommes, fiktiv oder real erlebt, stellen eine außerordentliche Bereicherung des Frittenführers und insbesondere der Autoren dar. Ohne diese selbstlose Beteiligung hätten wir nicht einmal die Hälfte der Startauflage losgekriegt.

Welt- und Frittenentstehung

Verfechter der Evolutionstheorie mögen bitte Verständnis dafür haben, daß die Entstehungsgeschichte allen Seins (und damit auch der Fritte) zunächst anhand der Bücher des Alten und Neuen Testaments erläutert werden muß. Die Entscheidungsgründe liegen auf der Hand:

1. Während die Evolutionstheorie doch alles in allem von mindestens ein paar hundert Millionen Jahren ausgeht, bevor überhaupt mal einer was sagt, sehen das AT und NT (nicht zu verwechseln mit Windows NT) die Sache doch

etwas lockerer: nur sieben Tage bis zum ersten Rendezvous und dann halt noch ein paar tausend Jährchen, um das Chaos wieder in den Griff zu bekommen. Schon aus Gründen der Recherchezeit mußte also die Entscheidung ganz eindeutig zugunsten der kürzeren Variante fallen.

2. Die Bibel kennen viele Leute. Von der Evolutionstheorie haben viele Menschen gehört. Die Bibel hat jeder zu Hause im Bücherschrank, die Evolutionstheorie nicht.

Die Fritte im Alten Testament

Soviel vorweg: Weder der Begriff Fritte noch das Wort Pommes finden sich auf den insgesamt 1.140 Seiten des Alten Testaments (die Seitenzahl kann allerdings je nach Übersetzung und Schriftbildgröße variieren). Eigentlich schade. Aber: Der Reichtum des Alten Testaments liegt schließlich schlechterdings in dessen Deutung und Auslegung. Ohne Deutung und Auslegung versteht man eh nichts.

Bezeichnenderweise schuf Gott am Anfang Himmel und Erde. Gerade das muß stimmen, denn beides gibt es ja heute immer noch. „Erde", das weiß selbst derjenige, der an der Uni in Hebräisch durchgefallen ist, bedeutet aber mehr als nur der Planet als solches! Gemeint ist hierbei sowohl die Mutter Erde (mother earth) als auch Muttererde (motherearth). Spätestens jetzt sollte es „klick" gemacht haben. Ansonsten, wir sind noch ziemlich am Anfang unserer Fritten-Exkursion, sollten Sie das Buch vielleicht lieber doch weiter verschenken.

Die Muttererde war also von Anfang an da. Gemeinsam mit der Sonne, die wir getrost in den „Himmel" hineininterpretieren können, verfügte das gerade kreierte Sein demzufolge über die komplette Infrastruktur, um die Schöpfung des Frittenlebens überhaupt zu ermöglichen. Der ersten Kartoffel stand nichts mehr im Weg.

Diese erste Frittenspur scheint sich mit Ende der Schöpfungsgeschichte zu verlieren. Doch läßt man aus Spaß den Blick für kurze Zeit vom AT hinüber zu unseren südlich beheimateten eidgenössischen Nachbarn schweifen, erfährt dieses scheinbare Ende eine erstaunliche Wendung. Nicht nur Frittenforscher, auch herkömmliche ausländische Vignettenkäufer wissen, daß der Eidgenosse, ohnehin nur zu zweifelhaften Zugeständnissen der deutschen Sprache gegenüber bereit, die gemeine herkömmliche Kartoffel als Erdapfel bezeichnet.

Spaß vorbei und zurück zum Alten Testament. Kurz nach der Schöpfungsgeschichte bietet Eva ihrem Adam einen Apfel an, was zur Folge hat, daß das

Alte Testament um rund 800 Seiten erweitert und mit einer Zugabe (NT) ausgestattet werden muß. Im Gegensatz zur Theologie kommt die Frittologie unter Berücksichtigung der komischen Eidgenossen mittlerweile zu dem Ergebnis, daß es sich bei Evas Adamsapfel, wenn auch vom Baum gepflückt, eindeutig um einen Erdapfel gehandelt haben kann. Hand aufs Herz: Wer von uns würde allen Ernstes seine Eintrittskarte für das Spiel Schalke 04 – Borussia Dortmund verwetten, wenn einer behauptete, daß im Paradies die Kartoffeln am Baum hingen? Na also.

Eva reicht Adam Teile des Frittenerdapfels.

Somit wird langsam deutlich, daß die Schaffung allen Seins von Anfang an auch die Schaffung der Pommes beinhaltet, ja, beinhalten muß. Soviel zu den ersten paar Tagen der Entstehungsgeschichte. Die restliche Zeit, also bis hin zum Ende des Alten Testaments, lassen sich frittologisch verkürzt darstellen.

Zwei Farben bestimmen die Epoche bis zum Jahre 0: Rot und Weiß. Nach dem Erdapfelfall sah der Schöpfer nämlich nur noch rot, und zwar aus Wut über sein etwas fehlgeschlagenes Erstlingswerk. Um aber nicht ständig als der große Spielverderber und Choleriker aufzufallen, schickte er ein paar Engel ins Spiel, die er in aller Regel weiß einkleidete. Sie sollten den Damen und Herren auf dem Planeten Erde klarmachen, daß der alte Herr zwar stinkesauer, aber irgendwo dann doch noch zu Konzessionen bereit war. Der Gedanke des Fair Play war geboren.

Rot/weiß dominierte demzufolge also damals schon in gewisser Weise die Erde. Und angesichts der Tatsache, daß zwischenzeitlich unter den vielen Stämmen und Völkern (man nenne hier nur die Philister) dermaßen der Bär tobte, daß sie alle in regelmäßigen Abständen ihr Fett abkriegten, schließt sich, zumindest aus Sicht der Frittenforschung, der alttestamentarische Kreis.

Die Fritte im Neuen Testament

Das Neue Testament ist voll von Frittenhinweisen. Auch die Currywurst erfährt in alten Schriftfunden aus dem zweiten Jahrhundert ihre erste Erwähnung. Es wäre ein leichtes, an dieser Stelle den erheblichen Einfluß von Currywurst/ Pommes/Mayo auf die Entstehung der christlichen Kirche zu dokumentieren. Da die Autoren allerdings wilde Kinder haben, die in Kürze jeweils einen dieser überaus begehrten, christlich-konservativen Grundschulplätze erhaschen sollen, wird hier auf die Frittenexegese verzichtet.

Allerdings ist diesbezüglich bereits eine 0190-Info-Hotline (DM 3,22/ min.) in Planung. Nach einer vierminütigen Einleitung erfährt dann der interessierte Hobbyfrittologe, daß Maria Magdalena die Currywurst bevorzugt mit einer Axt teilte und Paulus, nachdem ihn keiner mehr hören wollte, in Ephesus mit Hilfe eines Kredits für Jungunternehmer eine Frittenbude eröffnete. Noch heute kann die geübte Pommesnase vor Ort den lieblichen Geruch des köstlichen Frittenfettes erhaschen. Und das, obwohl Paulus – großes Apostel-Ehrenwort – stets behauptete, daß er das Fett zweimal pro Woche wechselt.

Die Fritte erreicht den Ruhrpott

Wie sehr CPM zu jener Zeit Bestandteil allen Denkens und Seins war, wird deutlich, als die Römer keinen Bock mehr auf „Jerusalem besetzen" hatten und abzogen.

Auf ihrer Reise zurück in die Heimat verfuhren sich die ohnehin an man-
gelndem Orientierungssinn leidenden Kämpfer wieder einmal und gelangten
über künstlich angelegte Kanäle nach Haltern/ Westfalen.

Curry-Caesar und seine gefürchteten Krieger
fallen in Haltern/Westfalen ein.

Um vor den aufmerksamen Halteranern nicht als vollkommen trottelig zu
erscheinen, taten die Römer so, als gelte das kleine Städtchen daheim in Rom
als eines der größten Feinde des römischen Imperiums. Folgerichtig wurde
das Nest eingenommen und auf Jahrzehnte belagert. Ein Glücksfall nicht nur
für Haltern, sondern langfristig gesehen für den gesamten Ruhrpott!

Die Bürger von Haltern lernten eifrig die Fritten- und Currywurstrezepte,
die die Römer aus Jerusalem mitgebracht hatten. Sie fanden schnell heraus,
wie man Mayonnaise selber macht und daß man eine gebratene Currywurst
zumindest den Römern sechs Tage später aufgewärmt als ganz frisch verkaufen konnte.

Es kam der Zeitpunkt, da hatten die Halteraner alles von ihren Besatzern
gelernt. Folglich entschied der (damals noch SPD-regierte) Stadtrat, die Römer
höflich, aber bestimmt an die Luft zu setzen. Die Idee war einfach und gleichzeitig brillant. Man schenkte dem Besatzungskommandanten Curry-Caesar
einen defekten Kompaß und sagte ihm: „Wenn ihr mit all euren Schiffen
immer in Richtung ‚S' wie ‚Süden' fahrt, findet ihr Rom automatisch." Curry-
Caesar und seine Kämpfer waren begeistert. Sie verabschiedeten sich von

ihren westfälischen Untertanen mit einer gigantischen Frittenparty und stachen tags darauf in Kanal.

Da sie Rom leider nicht fanden, beschlossen die des Reisens müden Krieger nach Monaten der Irrfahrt, sich niederzulassen und ein beschauliches Reich zu gründen. Noch heute sieht man Nachfahren jener Frittenimporteure auf den Straßen des Ruhrpotts, wie sie mit Wohnwagen und gelbem Nummernschild versuchen, Rom zu finden. Bei Meinerzhagen drehen die meisten wieder um.

Der Rest der Frittenhistorie ist schnell erzählt. Die Halteraner entwickelten nach und nach ein riesiges CPM-Imperium. Innerhalb kürzester Zeit schossen Pommes-Filialen wie Würste aus dem Boden. Der Frittenboom erfaßte sogar zeitweilig die Kirchen. Einige Gemeinden entschlossen sich, den absoluten IN-Imbiß im kirchlichen Alltag zu integrieren. Dieser Brauch schlief aber nach wenigen Jahren wieder ein, konnten doch zu wenige der Gläubigen zwischen Weihrauch und Frittierrauch und zu wenige Pfarrer zwischen Salb-Öl und Frittierfett unterscheiden.

Kardinal Joseph Wosczyski teilt das heilige Abendmahl
an einen Gläubigen aus.

Heute gibt es im Ruhrpott an jeder Ecke eine Frittenbude. Hunderttausende Bestellungen Currywurst-Pommes-Mayo gehen täglich über die Frittentheke. Doch kaum ein Hungriger erkennt mehr in dieser Kultmahlzeit die für die Region fundamentale historische Bedeutung. Sei's drum? Nein! Der „Fritten-führer Ruhrpott" will aufklären, ergründen, erhellen, beleuchten, belegen und natürlich verkauft werden. Sollten all diese frommen Wünsche durch das Buch in Erfüllung gehen, möchten sich die Autoren bei den verständnisvollen Lesern schon heute recht herzlich bedanken.

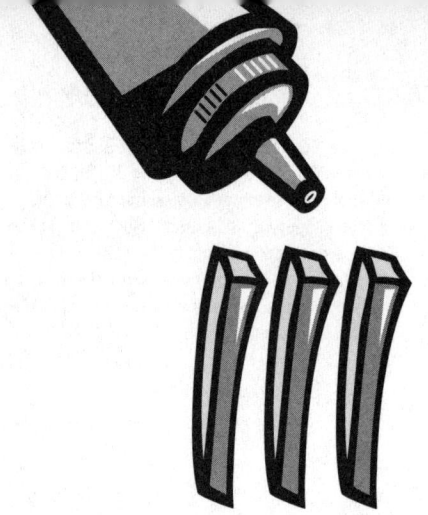

Die Fritte
in der Statistik

Für statistische Zwecke wurden die wichtigsten Betriebszahlen von 100 Frittenbuden unter die Lupe genommen und in einer Datenbank gespeichert.

Die hochwissenschaftliche Analyse erstreckt sich vom „Lady-Grill" in Oer-Erkenschwick über den „Curry Heini" in Waltrop bis hin zur „Pommes Paula" in Castrop-Rauxel. Leider konnte hierbei die „Teufelstunken-Hilde" in Essen (am Wasserturm) nicht mehr berücksichtigt werden, da sie ihre glorreichen Zeiten schon hinter sich hat und, ehrlich gesagt, auch gar nicht genau feststeht, ob es sie überhaupt jemals gab.

Was ist für den Pommes-Jünger von Bedeutung? Im Vordergrund steht natürlich der Kostenfaktor. Dieser wiederum splittet sich auf in die ökonomische Handels- und Gewinnspanne, die Umsatzrentabilität und die Kosten-Nutzen-Analyse.

Die Spezialisten interessieren sich selbstverständlich auch noch für den ROI (Return of Investment) und den BEP (Break-even-point). Von eher geringerer Bedeutung sind hierbei Aktiva und Passiva; Hauptsache, die Bilanz stimmt. Während das Rediskontkontingent gering zu halten ist, strebt der sparsame und preisbewußte Konsument eine Gewinnmaximierung zu seinen Gunsten an. Es gilt: Boom, Baisse, Hausse, Passe, Blablabla ...

Unterm Strich bleibt die Frage: „Wat kost' die Wurst?"

Genau hier setzt die knallharte Analyse an: Der Preis für das von uns getestete Nationalgericht Currywurst-Pommes-Mayo (CPM) ist im Ruhrpott erheblichen Schwankungen ausgesetzt. Es gibt die billige (günstige) und sozialverträgliche Variante zwischen vier und fünf Mark all inclusive. Dieser Preis ist Ausdruck einer menschenfreundlichen Grundeinstellung, die den meisten Pommesbudenbesitzern zu eigen ist. Dafür muß keiner sein Sparbuch auflösen.

Es geht aber auch anders. Die Wegelagerer und Raubritter unter den Anbietern gehen bei ihrer Preisstrategie weit weniger sentimental zur Sache. Der absolute Kracher ist ein alteingesessener Betrieb in der Dortmunder City mit 7,80 DM (in Worten: SIEBENMARKUNDACHTZIG)!!! Hier ist der Kunde nicht König, sondern Opfer.

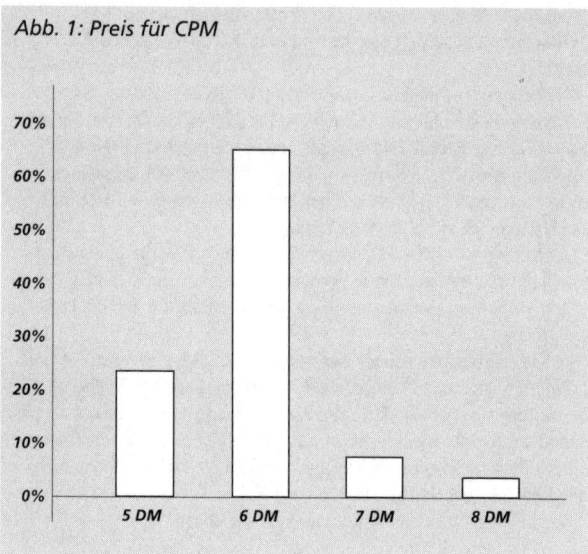

Abb. 1: Preis für CPM

Der Durchschnittspreis für CPM im Ruhrpott liegt bei exakt 5,340625 DM. Dieser Wert wird jedoch grundlegend entzerrt, läßt man nur ein einziges der repräsentativ ausgewählten Lokale außen vor. Im Sog des bereits oben erwähnten Ausreißers schnellt der Mittelwert um mehr als acht Pfennig in die Höhe. Ohne diesen Spitzenkandidaten bezahlt man im Schnitt nur läppische 5,26129032 DM. Abbildung 1 zeigt die prozentuale Aufschlüsselung der Preisverhältnisse am Frittenhorizont: 25% aller Bewirtschaftungen verschleudern selbstlos CPM zu Dumping-Preisen von weniger als fünf Mark. Die Ausbeuter mit Preisforderungen von über sieben Mark bleiben zum Glück unter der Fünfprozenthürde (3,1%) und können bei der hohen Frittendichte im Ruhrpott leicht gemieden werden. Nur geringfügig humaner ist die Preispolitik der Splittergruppe von 6,25%, welche CPM zwischen sechs und sieben Mark feilbietet. Der Bärenanteil aller Testobjekte (65,6%) liegt mit seinem Preis im Fünf-Mark-Bereich.

Mindestens genauso wichtig wie der Kostenfaktor ist sicherlich die hochsensible Problematik der Schnibbelmethode für Currywürste: Schere oder Maschine? Damit verhält es sich wie bei den wirklich bedeutenden Fragen der Menschheit: Sekt oder Selters, Hopp oder Top, Blau-Weiß oder Schwarz-Gelb.

Erstere greifen auch in diesem stürmischen Computerzeitalter nach wie vor auf die altbewährte Schere zurück („Maschine? Nääh, da hasse entweder Gehacktes oder so dicke Pöhler!" – O-Ton „Nini's Futterkrippe", Herne). Auch wenn es eine alte Gartenschere ist (Imbiß Ecke Hohe-Str./ Mittlere Straße, Dortmund City), hier wird noch mit Liebe geschnibbelt. Dieser Fetischismus geht so weit, daß im Bochumer „Bergbau-Grill" ein und dieselbe Schere mittlerweile schon zwanzig Dienstjahre auf dem Buckel hat.

Die eiskalten Technologiefreaks unter den Frittenschmiedenbetreibern jagen die Würste lieblos und ohne mit der Wimper zu zucken durch den vollmechanischen Häcksler. Das tut der Wurst doch weh!

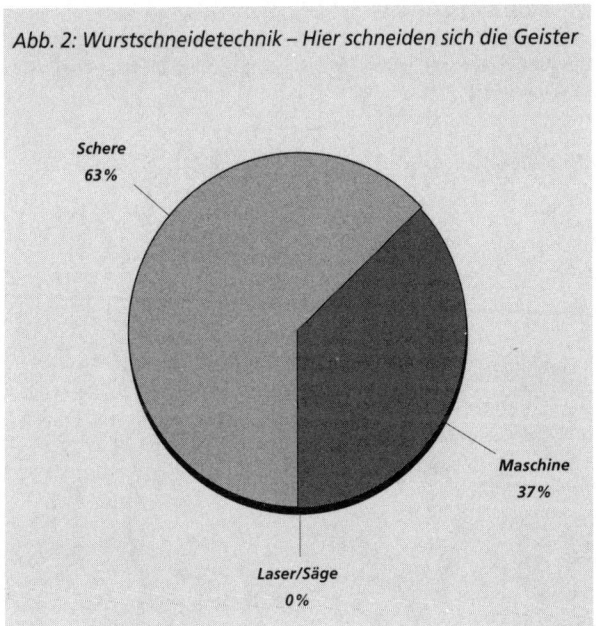

Abb. 2: Wurstschneidetechnik – Hier schneiden sich die Geister

Schere
63%

Maschine
37%

Laser/Säge
0%

Wie die Abbildung 2 zeigt, kann bei diesem heiklen Thema Entwarnung geben werden: Noch kann die Tradition dem Fortschritt mehr als Paroli bieten, denn nach wie vor wird in 63,4% der Buden mit der Schere geschnitten. Es knüpft sich die Frage an, in wie viele Stücke die Wurst geschnitten wird. Minimum sollten sechs Stücke sein, andererseits sollte eine Wurst niemals in mehr als 14 Teile zerlegt werden. Die penible Zählung ergab überraschende Fakten. Bei maschinengeschnibbelten Würsten pendelte die Anzahl um einen Mittelwert von 11 Stücken pro Wurst. Die Scherenauswertung ergab Sensationelles: Bei jeder, aber auch wirklich jeder vom Test-Team verzehrten Wurst konnten auf den Zipfel exakte zwölf Stück gezählt werden (wenn auch in unterschiedlicher Größe – von der Mikrobe bis zum dicken Pöhler). Der Standes-Ethos der Imbiß-Bruzzler scheint einem ungeschriebenem Gesetz zu folgen, das da lauten mag: „Die Zwölf muß stehen."

Der dritte Kernpunkt dieser Untersuchung beschäftigt sich mit dem Frittieröl. Genauso wie bei Autoreifen, alten Socken und Unterwäsche ist hier ein regelmäßiger Wechsel unerläßlich. Durch akribische und geschickt getarnte Recherche konnte jedes noch so scheinheilige Versprechen einer fast stündlichen Auswechslung als infame Lüge widerlegt werden. Die reine Wahrheit zeigt Abbildung 3.

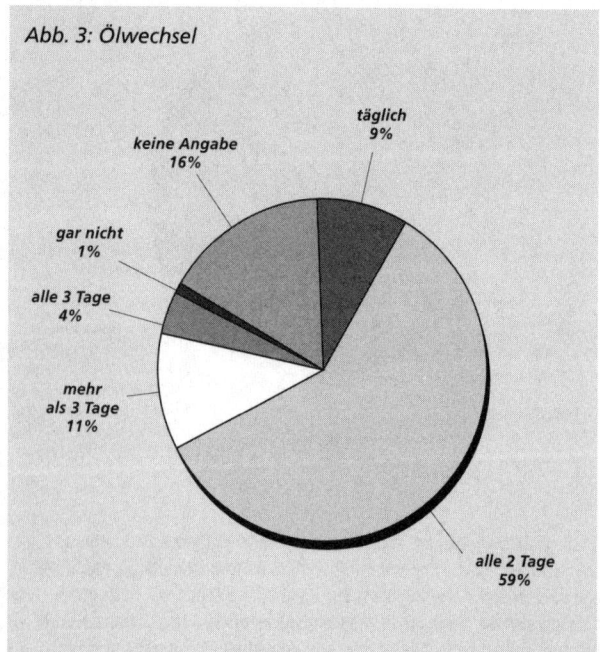

Abb. 3: Ölwechsel

- täglich 9%
- keine Angabe 16%
- gar nicht 1%
- alle 3 Tage 4%
- mehr als 3 Tage 11%
- alle 2 Tage 59%

Wen interessieren eigentlich Imbißhallendichte, Anzahl der Beschäftigten und gemachte Umsätze? Sollten dennoch irgendwelche Hobbystatistiker, Erbsenzähler und Pedanten auf solche brisanten Erhebungen nicht verzichten können, so soll auch diese Klientel bedient werden. Technisch aufwendigst gestaltete Tabellen und ausgefeilte Grafiken ermöglichen auf den folgenden Seiten einen schnellen und übersichtlichen Zugriff auf ein kompaktes Daten-Inferno (mit freundlicher Genehmigung des Landesamtes für Datenverarbeitung und Statistik NRW).

Statistik 1: Imbißbudendichte im Ruhrgebiet

Verwaltungsbezirk	Anzahl Imbißhallen	Je 100.000 Einwohner
Essen	303	48
Duisburg	298	55
Kreis Recklinghausen	296	45
Dortmund	267	44
Bochum	166	41
Gelsenkirchen	128	43
Krefeld	116	47
Oberhausen	104	46
Herne	96	53
Mülheim a.d. Ruhr	72	41
Bottrop	43	36

Statistik 2: Imbißbudendichte in NRW

Verwaltungsbezirk	Anzahl Imbißhallen	Je 100.000 Einwohner
Köln	416	43
Düsseldorf	257	44
Kreis Wesel	210	46
Märkischer Kreis	169	38
Kreis Aachen	152	51
Kreis Borken	149	45
Unna	147	36
Wuppertal	147	38
Ennepe-Ruhr-Kreis	138	39
Bielefeld	130	40
Rhein-Sieg-Kreis	128	24
Kreis Herford	116	47
Mönchengladbach	110	41
Hochsauerlandkreis	108	39
Bonn	104	35
Münster	68	25
Kreis Coesfeld	67	35
Leverkusen	48	30

Statistik 3: Arbeitsstätten, Beschäftigte und Umsatz in NRW

Beschäftigte	Arbeitstätten		Beschäftigte		Umsatz	
	Anzahl	Prozent	Anzahl	Prozent	DM	Prozent
1 – 2	3744	53,5 %	6173	27,4 %	462564	32,0 %
3 – 5	2414	34,5 %	8817	39,1 %	552515	39,1 %
6 – 9	596	8,5 %	4166	18,5 %	239212	16,9 %
10 – 19	231	3,3 %	2823	12,5 %	146051	10,3 %
20 u. mehr	18	0,3 %	578	2,6 %	22828	1,6 %
Zusammen	7003	100 %	22557	100 %	1413170	100 %

In mühevoller Kleinstarbeit wurde auch die Anzahl der Pommes-Stäbchen pro Portion festgestellt, was mitunter zu befremdlichen Blicken von Nachbartischen als auch zu handfesten Streitigkeiten unter den Testern führte. Bei „Erikas Braterei" in Mülheim führte die erhebliche Frittenmasse zur Resignation bei den Testern. Einsamer Rekord, kaum zu schlagen. Trauriges Gegenbeispiel bleibt ein anonymer Mitbewerber im Herzen des Ruhrpotts in Duisburg. Dort konnte trotz mehrfachen Nachzählens die unglaublich bescheidene Zahl von 22 Stäbchen nicht übertroffen werden. Was für Kontraste.

Ausgeglichener gestaltet sich die Zahl der Geldspielautomaten. Kaum eine Frittenbude will dem geschätzten Kunden die Freizeitbeschäftigung des leicht verdienten Geldes vorenthalten. So stehen dem Konsumenten im Durchschnitt 1,7 Zock-O-Maten zur freien Verfügung. Die Gewinnausschüttung für den ungeübten Frittentester betrug leider nur im „Nikolaus-Grill" in Wanne-Eickel volle 100%. Ansonsten schwankt sie je nach Geschick des Benutzers

(oder etwa doch nach dem Willen des Automatenbetreibers?) zwischen 0 und 23%. Bei einem Einsatz von 60 Pfennig könnte man also bei einer Spielzeit von 2,4 Stunden die Kosten für eine Durchschnitts-CPM spielend wieder reinholen.

Statistisches zum Thema Umweltschutz. Auch hiervor macht die Frittenbranche nicht halt. So werden in nahezu 20% aller getesteten Betriebe im Schnitt 12 Pfennig für eine Plastikgabel verlangt. Mayo-Eimer werden mitunter sogar noch innerbetrieblich recycelt. Der „Nikolaus-Grill" in Duisburg verwertet sie beispielsweise für die Eintopfung der Yucca-Palmen, welche dort für Urlaubs-Atmosphäre sorgen sollen (im Urlaub sitzt das Geld bekanntlich locker).
Mit alten Pommesschalen lassen sich ganz lustige Schweins-Masken basteln. Im Sommer kann man sie als Hüte benutzen, und im Winter fallen sie nicht weiter auf, wenn man sie in den Schnee schmeißt. Spektakuläres Highlight in der Umwelt-Kategorie ist übrigens die fahrbare Geruchs-Vernichtungs-Anlage von Armin Thiemer („Thiemer's Essen wie bei Muttern", Essen).

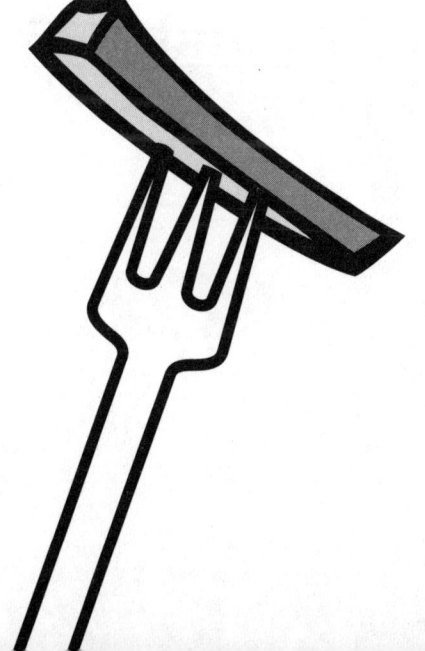

Prominente
und die Fritte

Peter Neururer, geboren und aufgewachsen im Ruhrgebiet, wohnhaft in Gelsenkirchen, der Kumpel unter den Fußballtrainern, schlägt die Brücke vom Fußball zur Fritte:

„Meine Lieblingsbuden stehen in den Stadien der Fußballvereine.
Die beste Currywurst-Pommes-Mayo gibt es in Duisburg im Wedau-Stadion.
Die ist klasse. Und die mit Abstand beste Currywurst erhält man an der Bude im Wattenscheider Loheide-Stadion. Die kennt die ganze Liga. Und allein deshalb will jeder, daß Wattenscheid wieder in die 1. Bundesliga zurückkehrt."
Danke, Peter!

Joachim Hopp, Stahlkocher und Fußballer des Bundesligisten MSV Duisburg:

„Wo ich wohne, gibt es 20 Meter entfernt, auf der Koopmannstraße, eine Pommesbude, die heißt ‚La Luna'. In der Woche gehe ich da normalerweise nicht hin. Aber wenn wir ein Spiel haben, muß ich da rein. Nach jedem Spiel, und da gibt es kaum eine Ausnahme, bin ich dort und esse Doppel-Pommes und Doppel-Currywurst."

Dr. Guido Westerwelle, Generalsekretär der F.D.P. und Hundeherrchen, verrät:

„Pommes-Frites mit Anton

Currywurst mit Fritten ist nicht nur im Ruhrpott kultig, sondern meiner Meinung nach ein rheinisches Nationalgericht – nicht weniger als die ‚Riefkuche'. Ich selbst bevorzuge Currywurst mit Fritten rot-weiß, also mit ordentlich viel zusätzlichem Ketchup und Mayonnaise. Das sichert mir die uneingeschränkte Freundschaft meines Hundes Anton. Früher regelmäßig, heute seltener, gehe ich mit meinem Hund Anton abends spät gerne noch einmal zu Fuß zur Frittenbude am Bonner Marktplatz. Dort wird dann mehr oder weniger gerecht geteilt: Eine Fritte für mich und eine Fritte für Anton. Ich weiß wohl, daß es sich hierbei nicht um eine ‚artgerechte' Ernährung meines Hundes handelt. Meinem Hund ist das aber egal. Ohnehin bleiben auch Zweifel, ob Currywurst mit Fritten rot-weiß eine artgerechte Ernährung des Menschen ist. Also: Politisch korrekt mag das alles nicht sein. Vermutlich ist eine solche späte Freizeitbeschäftigung eine Art Horrorvision für Vegetarier. Aber meinem Hund und mir macht es Spaß. Nur einmal stürzte mich ein solcher Frittenbuden-Besuch in tiefe Selbstzweifel: Eine ältere Dame sah

meinen schwarz-weiß-gefleckten Mischlingshund und mich, blieb stehen und sprach mich an mit den Worten: ‚Nein, Herr Doktor, was haben Sie für einen häßlichen Hund!' Glücklicherweise hat das Anton nicht gehört – er war gerade schmatzend mit den letzten Fritten beschäftigt."

Heino, die Stimme der Heimat.

„Mein Zuhaus, der Kohlenpott" ist Titelsong von **Heino**s CD „Einer von uns" (BMG Ariola). Für den Frittenführer hat der König der Volksmusik diese Ruhr-gebietshymne um einen wesentlichen Textteil ergänzt:

„Mein Zuhaus, der Kohlenpott,
Familie wird hier groß geschrieben,
Mein Zuhaus, der Kohlenpott,
Oma und Opa waren die besten,
Mein Zuhaus, der Kohlenpott,
Oma hatte immer was für auf'n Dubbel,
Rübenkraut, Schmalz, Currywurst-Pommes-Mayo,
Mein Zuhaus, der Kohlenpott,
hier will ich in Rente gehen."

Diether Krebs, als Herr Krups mit der Single „Currywurst" in aller Munde, vermißt seine Hilde:

„Die beste Wurst gibt es bei Dönninghaus auf der Kortumstraße in Bochum. Und ganz früher bei ‚Teufelstunken-Hilde' am Wasserturm in Essen."

Der schöne Herbert.

Kult-Kabarettist **Herbert Knebel** (Herbert Knebels Affentheater) ist
mit seinem aktuellen Programm „Knebel on the rocks" ständig ausverkauft.
Als Entschädigung für alle Fans gibt's den Currywurst-Tip aus Altenessen:

„Die Bude auf dem Parkplatz vom Mediamarkt, Gladbecker Straße, macht eine
super Currysauce. Die Wurst ist ja überall gleich, die Sauce macht's, und die ist
da super. Die Pommes sind übrigens auch gut."

Charly Neumann, Schalker Urgestein und bekanntester Betreuer in der Fußballbundesliga, schwelgt in Erinnerungen:

„Als Betreuer der Königsblauen bin ich auch für die Einhaltung der richtigen Ernährung zuständig. Als wir in Italien zum UEFA-Cup-Endspiel waren, hatte ich deshalb einiges zu tun. Es gab dort nur Pizza und Nudeln, und das hätte die Mannschaft völlig verunsichert und aus dem Rhythmus gebracht. Wir haben deshalb 2 Säcke Kartoffeln, 5 Paletten Bratwurst (Naturdarm), einen Eimer Mayo und 6 Tuben Currysauce (scharf) mit nach Mailand genommen. Am Tag vor dem Endspiel habe ich dann im Garten des Hotels den Grill angeschmissen und die Würste gegrillt. Die Spielerfrauen haben die Kartoffeln geschält und danach in der Hotelküche frittiert. Der Trainer höchstpersönlich hat die Würstchen mit der Schere geschnitten, und zwar in 11 Stücke. Damit wollte er wohl unsere Mannschaft auf die gegnerischen 11 Spieler einstellen. Es war eine Menge Arbeit, aber der Erfolg gab uns recht. Currywurst-Pommes-Mayo haben geholfen, den Pott in den Pott zu holen."

Charly Neumann, Huub Stevens und Yves Eigenrauch
(von links nach rechts) bei der spielentscheidenden Mahlzeit.

Rudi Assauer, Manager des FC Schalke 04, gibt sich beim Thema CPM zugeknöpft:

„Ich esse keine Pommes. Ab und zu gönne ich mir aber eine schöne, leckere Currywurst."

Was Rudi Assauer kauft, ist immer sein Geld Wert: Der Schalke-Manager nach erfolgreichem Frittentransfer für 1,80 DM.

Günter Verheugen, Koordinator für außenpolitische Beziehungen der SPD und Mitglied der SPD-Bundestagsfraktion, hat auch mal klein angefangen:

„1964 lebte ich in Essen und arbeitete dort für 125 DM im Monat bei der NRZ als Volontär. Es gab damals direkt am Hauptbahnhof eine Frittenbude, deren Namen ich leider nicht mehr weiß. Inzwischen gibt es diesen Imbiß bestimmt nicht mehr. Mit dem Betreiber hatte ich auf jeden Fall einen Vertrag. Spät abends, nach Redaktionsschluß, bin ich noch zu ihm in die Bude gekommen. Die war um diese Zeit eigentlich schon zu, aber auf mich hat der Besitzer gewartet und mir seine letzte Portion Pommes mit Currywurst aufbewahrt. Als Gegenleistung habe ich ihm dann die erste, frisch gedruckte NRZ mitgebracht. Von diesem Vertrag habe ich zu der Zeit gelebt."

Willi Thomczyk, Schauspieler und als Horst Kowalski durch die Nike-TV-Spots bekannt geworden. In seinem Film „Pommes Fritz" (1999) wird die Geschichte von Fritz Cebulski beschrieben, der seit 20 Jahren seine Bude mit dem Namen „Pommes Fritz" betreibt. Hier zwei Schlüsselszenen:

Szene 34:
Vor der Pommesbude Schweine, die am Boden Pommes fressen.
Überblendung dann auf die Realität. Schinka, der Immobilienmakler,
steht an der Pommesbude und ißt eine Currywurst. Heinz und Lupo auch
dabei.
FRITZ: *Ne, Schinka, mein Grundstück hier, dat kannze dir abschminken. Reichen dir deine Geschäfte inne Ostzone nicht? Hass hier schon die halbe Siedlung aufgekauft und die Leute rausgeekelt mit deine Modernisierung. Von wegen, Modernisierung. Abgerissen hasse allet. Und jetzt guck dir dat doch an, wie dat hier aussieht. Assozialensiedlungen hasse raus gemacht. Dat du dich nicht schäms, du Proletenmessias!*
SCHINKA: *Komm mir nicht mit den alten Kamellen, Fritz. Du muß ganz ruhig sein. Bis doch auch Unternehmer, ne? Also wat willze? Die Revolution oder Cash auf die Hand? Ich hab dir'n guten Preis gemacht. Wenn du dat nich wärs, kannze mir glauben, hätte ich weniger geboten.*
FRITZ: *Lasset sein, Schinka. Der Laden hier hat mir dat Leben gerettet. Is wie mein Kind, verstehste? Abba wen sach ich dat?*
SCHINKA: *Wenn ich hier bau, dann kannze'n neuen Imbiß aufmachen. Nich so'ne Frittenbude. Richtigen, modernen Imbiß mit allem drum und dran. Du bis dabei, Fritz. Hasse mein Wort.*

Willi Thomczyk vor seiner Lieblingsbude.

FRITZ: *Dein Wort kenn ich. Wat meinz du, Lupo? Soll ich die Bude dichtmachen?*
LUPO: *Kann ich nix zu sagen. Bin ja'n Spinner. Ne, Schinka? Entschuldigung! Herr Schinka!*
SCHINKA: *Kinders, jetzt macht mal halblang. Ihr seid ja wohl die letzten, die die Welt verändert haben.*
HEINZ: *Ne, die Welt hat uns verändert.*
SCHINKA: *Fritz, mach mal ne Runde hier.*
HEINZ: *Jau, ne Runde Jäger vom Meister.*
Fritz stellt vier Jägermeister auf den Tresen. Schinka verteilt sie an Lupo und Heinz.
SCHINKA: *Auf die alten Zeiten, Kinders! Runner damit!*
HEINZ: *Rot Front!*
LUPO: *Im Kosmos is noch ein Zimmer frei!*
Sie prosten sich zu. Trinken.
SCHINKA: *Fritz, überleg es dir. Mein Angebot steht.*

Schinka legt einen Fünfzigmarkschein auf den Tresen und geht. Heinz hebt den Schein mit zwei Fingern hoch und hält ihn Fritz hin.

HEINZ: *Wat hat der Dreck am Stecken.*

Fritz hält ein Feuerzeug unter den Fünfzigmarkschein, entzündet ihn. Feuer. Überblendung.

Szene 38

Kammera von oben. An der Rückwand der Pommesbude Petter und Lovely Rita. Sie ficken im Stehen. Die Kamera fährt über die Pommesbude nach vorne. Die alte Else wartet auf ihre Bratwurst. Es bumst an der Rückwand, und die Pommesbude bewegt sich leicht.

ELSE: *Wat is denn mit deiner Bude los, Fritz?*

FRITZ: *Wat denn, Else?*

ELSE: *Da bumst doch wat.*

FRITZ: *Wat soll denn da bumsen? Hier, deine Wurst. Einsachtzig.*

ELSE: *Hörße dat nich? Als wenn da einer krepiert hinter deiner Bude.*

FRITZ: *Dat ist Petter und Rita. Die feiern heute ihren Hochzeitstag.*

ELSE: *Wat machen die denn da?*

FRITZ: *Laß dir die Wurst schmecken, Else.*

Gaby kommt.

FRITZ: *Tach, Gaby Schätzchen. Wat darfet sein?*

GABY: *Hallo, Else.*

ELSE: *Ach, dat Gaby. Dich gibbet auch noch.*

GABY: *Aber nich mehr lange, Else. Nächsten Monat seid ihr mich los.*

FRITZ: *Wieso dat denn?*

GABY: *Schinka hat mir'n Laden besorgt auf Tenneriffa. Ne kleine schnuckelige Bar. Genau dat wat ich gesucht hab.*

FRITZ: *Paß auf, dat der dich nicht bescheißt*

GABY: *Ne. Dazu kenn ich den zu gut. Der hat mich nie beschissen. Wat der in den Jahren bei mir gelassen hat.*

FRITZ: *Dat holt der sich jetzt zurück. Wer weiß.*

Petter und Lovely Rita kommen nach vorne.

FRITZ: *Ah, da is ja unser Hochzeitspaar. Kinders, die feiern heut ihr Zehnjähriges.*

GABY: *Dann mach mal hier 'ne Runde fertig. Auf die Glücklichen!*

ELSE: *Kinders, wat habt ihr denn da hinten gemacht? Dat hat vielleicht gebumst.*

PETTER: *Else, genau dat haben wir gemacht.*

Alle, außer Else, lachen. Fritz stellt fünf Jägermeister auf den Tresen.

FRITZ: *Auf dat glückliche Paar! Auf Teneriffa! Und auf Else! Dat die ewig lebt! Und nix mehr mitkriegt!*

Drei Schalker Urgesteine: Charly, Budde und Pommes/Mayo

Budde Burdenski, 77jährige Schalker Fußballegende, Nationalspieler und mehrfacher Deutscher Meister, erinnert sich:

„Unser Stammlokal war Tiemeyer in Gelsenkirchen. Dort ist die Mannschaft in den 30er Jahren nach den Spielen hingegangen. Es gab Frikadellen, Reibeplätzchen und Würstchen, während eine Etage darüber im Schalker Büro malocht wurde. Alles war sehr bescheiden, für ein Länderspiel haben wir 10 oder 20 Mark bekommen. Tiemeyer war damals der typische Imbiß. In der Glückauf-Kampfbahn gab es einige Imbißbuden mit den gleichen Gerichten. Zu der Zeit konnten sich allerdings viele Fans nicht viel leisten und haben sich ihr Butterbrot noch mit ins Stadion genommen. Bei mir zu Hause gab es fünfmal in der Woche Eintopf, freitags Fisch und sonntags Fleisch. Ich persönlich gehe auch heute noch gerne in Frittenbuden; am liebsten zu Jansen's in Buer."

Hannes Bongartz bei seinem schlimmsten Jugendstreich.

Bei **Hannes Bongartz,** dem ehemaligen Nationalspieler und Fußball-Bundesligatrainer, werden Gedanken an die Bonner Jugend wach:

„Bei Currywurst fällt mir natürlich sofort die Bude im Wattenscheider Loh-heide-Stadion ein. Da gibt es wirklich die beste Wurst der Liga.

In meiner Jugend waren Imbißbuden oft Treffpunkte für unsere Nacht-ausflüge. Eine urige Bude gab es am Hauptbahnhof der KBE (Köln Bonner Eisenbahn). Dort haben wir uns oft um 2 oder 3 Uhr nachts getroffen. Das war so ungefähr Ende der 60er Jahre. Kultig war auch die Bude in Bonn Duisdorf. Die hieß Hirzmann und war die erste richtige Pommesbude in der Gegend. Am Wochenende haben sich dort alle mit ihren Mopeds getroffen. Pommesbuden waren aber auch Mittelpunkt für jede Menge Streiche. Ein Kumpel von mir hatte damals ein Auto mit Anhängerkupplung. Wir sind damit mal zu einer Bude gefahren, das war ein umgebauter Wohnwagen. Wir haben den Besitzer dann abgelenkt, und unser Kumpel hat den Imbiß-wagen angekuppelt und ist damit losgedüst. Wenn du jung bist, machst du halt solche Sachen."

Hans Ettrich, Bürgermeister von Castrop-Rauxel, liebt Pommes leger:

„Ich liebe Pommes aus der Tüte oder Schale, am liebsten pur, ohne Matsch – ohne was drauf – am liebsten eß' ich sie aus der Hand, ohne Gabel, leider erlaubt dies der gesellschaftliche Rahmen nicht immer. Am besten schmecken die Pommes an den heimischen Imbiß-Ständen bei Castrop-Rauxels Open-Air-Veranstaltungen, wie im Juni bei dem Gourmet-Festival ‚Castrop kocht über' in der Altstadt oder bei Kirmesveranstaltungen. Auch im Urlaub oder unterwegs verführt mich der Anblick einer Pommesbude schon mal zum Pommes-Naschen."

Götz George wurde beim Thema Frittenbude richtig nostalgisch:

„Die Frittenbude gehörte genauso zu Schimanski wie die graue Jacke. Schimanski würde nie eine Bude links liegenlassen. Und die Standardbestellung: Currywurst-Pommes-Mayo (CPM), aber in einer Schale."

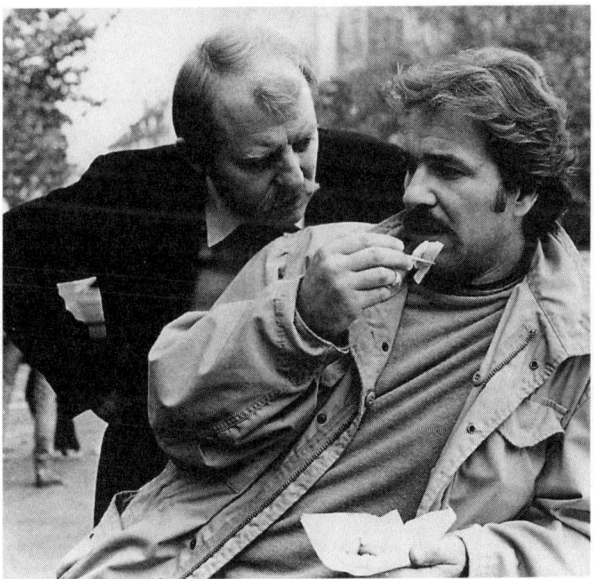

Der Mörder muß warten: Schimanski und Thanner beim Frühstück in Duisburg.

Für **Jürgen Trittin**, Vorstandssprecher von Bündnis 90 / Die Grünen, haben Pommesbuden eine besondere Ausstrahlung:

„Jede Pommes-Bude hätte nach vergleichbaren Verstößen wie bei den Castor-Transporten den Laden dichtgemacht bekommen."

Heinz Wewering ist Weltmeister und erfolgreichster Trabrennfahrer aller Zeiten. Gemeinsam mit Sohn **Oliver**, ebenfalls erfolgreicher Sulky-Pilot, geht der „Mann mit dem Goldhelm" zwischen den Rennen auf der heimischen Rennbahn in Recklinghausen gelegentlich gerne in die Pommesbude:

„Der Rennabend dauert mehrere Stunden, so daß irgendwann Hunger auf-kommt. Wir gehen dann zwischendurch schon mal in die Frittenbude am Casino. Nach einer klassischen Currywurst-Pommes-Mayo ist die Kraft dann wieder da für den Rest des Renntages. Außerdem gibt es hier auch keine Pferdeklopse wie in anderen Buden dieser Gegend."

Das wahre Geheimnis ihres Erfolges: Die Wewerings mit Currywurst an der Peitsche.

Von der Frittenpolizei erwischt: Theaterregisseur Hansgünther Heyme.

Hansgünther Heyme, Festspielleiter des Europäischen Festivals der Ruhrfestspiele Recklinghausen, wird regelrecht dramatisch:

„Die Fritte siegt

Ich bin ein leidenschaftlicher Esser – sei es zu Hause, sei es im Restaurant –, seltsamerweise jedoch nicht auf der Straße. Ich stehe nicht gern beim Essen, ich liebe Stoffservietten und den Stuhl und den weißgedeckten Tisch und einen guten Wein; ich bekleckere mich auch nicht gern – ich schiele im Vorübereilen auf die vielen genußvollen Gesichter an den sogenanten Frittenbuden im Kampf mit Ketchup-Sauce auf einer Wurst und sehe es nur tropfen.

Und just in diesem Moment passiert es, überfällt mich die kindliche Lust – auf Currywurst und Fritten rot-weiß; und auf das himmlische Vergnügen, Schulter an Schulter mit wildfremden Menschen auf offener Straße, ohne den Tisch und ohne den Stuhl, Stoffserviette ade, mit klebrigen Fingern, das Sakko bunt bekleckert, Augen und Kinn glänzen um die Wette, mit Mayo im Mundwinkel und Ketchup bis auf die Nasenspitze – auf anarchisches Schwelgen der anderen Art zwischen Pommes Schranke und 'ner Fricke für meine Schnacke."

Jochen Welt, Bürgermeister von Recklinghausen, formuliert kurz und prägnant:

„Die Entdeckung der Ruhrfestspiele

Ja, die Legende lebt – und bleibt deswegen dennoch nur eine Legende: Daß nämlich die Recklinghäuser Ruhrfestspiele im strengen Winter 1946 einer Melange aus Kohlestaub und Künstlerzittern entwachsen seien. Daß Mitglieder des Hamburger Schauspielhauses, um ihr Theater zu heizen, auf daß dorthin wieder Zuschauer und Gagen kämen, ins Ruhrrevier gestochen und in Recklinghausen-Suderwich angelandet seien. Und daß sie dort den Kumpeln, die das Unmögliche möglich gemacht und ihnen knappe Kohle besorgt hatten, in die Arbeiterhände geschworen hätten: ‚Wir kommen wieder, Kohle für Kunst – Kunst für Kohle.'

Soweit die Legende, die gerade deshalb so faszinierend echt klingt, weil sie nur zur Hälfte falsch ist – zur besseren Hälfte natürlich.

Es scheint mir an der Zeit, der Wahrheit eine Bresche zu schlagen.

Die imposanten 50-Jahr-Feiern des Ruhrfestspieljubiläums sind vorbei, Bundespräsident Herzog und Ministerpräsident Rau haben uns unsere Meriten bescheinigt, die Bundespost hat Recklinghausens Ruhrfestspiele mit einer Briefmarke als wesentliches Kulturgut abgestempelt, und meine Dienstzeit als Bürgermeister ist mit der Abschaffung der kommunalen Doppelspitze absehbar – endlich kann die Wahrheit über die wirkliche Entstehung der Ruhrfestspiele offengelegt werden.

Die Wahrheit, die seit 1946 als ein Stadtgeheimnis behandelt worden ist, die jeder scheidende Bürgermeister seinem Nachfolger in einer abgezweigten schwarzen Aktentasche weitergab, wobei er ihm das Versprechen abnahm, die Wahrheit nur dann zu entdecken, wenn dies ohne Schaden für die alte Hansestadt Recklinghausen und die Freie- und Hansestadt Hamburg, für deren Reputation und Selbstverständnis möglich sei.

Öffnet man sie, so finden sich zwei vergilbte Papiertücher in der Aktentasche. Diese aber sind geeignet, das kulturelle Weltbild weiter Bevölkerungskreise zu verdunkeln: das der Theaterfreude, der Kritiker, der Gewerkschafter, der Bergleute, der Suderwicher.

Denn die Dokumente zeigen, daß das Motto der Ruhrfestspiele eigentlich ‚Kohle für Kunst – Kunst für Kohldampf' heißen müßte.

Beide Dokumente nämlich beweisen: Die Hamburger Künstler aus Schauspielhaus, Thalia-Theater und Staatsoper revanchierten sich bei ihrem ersten Gegenbesuch mit der Aufführung u.a. von ‚Figaros Hochzeit' von Mozart, ‚Der Bär' von Tschechow und ‚Er ist an allem schuld' von Tolstoi – wie bei allen weiteren Gastspielen – nicht für die 1946 erhaltene Kohle.

Nein, sie danken für das Rezept eines Gerichtes, das sie damals, im kalten Hungerwinter 1946, in der Wohnküche von Hedwig und Franz Kaczmarek in Recklinghausen-Suderwich kennen- und liebengelernt hatten: Pommes mit Mayo!

Nun ist es heraus, was die wahre Grundlage, das echte Fundament der Ruhrfestspiele gewesen ist, mag die Nachwelt über mich richten. Aber so ist es eben: ‚Erst kommt das Fressen, dann die Moral', wie Mac the Knife in der Dreigroschenoper singt.

Warum aber konnte ein so schlichtes Gericht eine solche Wirkung entfalten? Die Beweiskraft der Dokumente in der Aktentasche ist erdrückend: Es waren besondere Pommes, in der alten Kunst der belgischen Frittenkultur bereitet, um welche jenes kleine Volk zwischen Maas und Nordsee von der Welt beneidet wird.

Wie aber kam 1946 belgische Frittenkultur nach Suderwich?

Als ‚missing link', so haben intensive Nachforschungen unseres Stadtarchives ergeben, können wir Frans Goedewaar ansehen.

Goedewaare, 1915 in Genf geboren, hatte bereits als 14jähriger in den Kantinen wallonischer Bergwerke gearbeitet. Als Flame konnte er sich dort nur deshalb behaupten, weil sich bald unter den ‚mineurs' herumgesprochen hatten, daß Goedewaar einmalige Pommes mit einer wahnsinnigen Mayo zu machen verstand.

Im Krieg von der Wehrmacht einzogen – eine einzige Quelle spricht von einer freiwilligen Meldung – verschlug es ihn nach Kriegsende ins Ruhrgebiet, er wurde Maschinenmann auf der Zeche Suderwich. Und Kostgänger – also Untermieter mit mehr oder weniger intensivem Familienanschluß – bei seinem Kumpel Franz Kaczmarek.

Wie weit oder tief dieser Familienstand reichte, ob es nur ein Fritten- oder gar ein Bratkartoffelverhältnis war, bleibt bloße Spekulation. Allerdings spricht einiges dafür, daß es zwischen Frans und Hedwig zumindest zu einem intensiven und intimen Austausch von Kochrezepten und Küchengeheimnissen kam, das Verhältnis zwischen Frans und Franz dabei aber stabil blieb.

Frans muß Hedwig seine persönlichen Geheimnisse verraten haben, was die Zubereitung von den besten Pommes und der besten Mayo betrifft, denn Hedwigs Fritten entfalteten ab 1946 ihren Duft über Suderwich hinaus.

Seine Tips reichten von der rechten Kartoffelwahl (Sorte ‚agricola stupidus') über das geeignete Kartoffelmesser (Hedwig war Linkshänderin) bis zur Auswahl des Öls (wobei ihm seine Ausbildung als Maschinenmann zugute gekommen sein muß).

Eine Sternstunde für die gesamte europäische Gastrosophie muß Goedewaars Entdeckung genannt werden, daß eine linksgerührte Mayo einer rechtsgerührten absolut überlegen ist; docken doch deren Molekülketten, wie eine Untersuchungsreihe des Unilever-Labors in Hamburg (!) jüngst ergab, optimal an die Geschmacksknospen der Zunge an.

All diese Informationen über die Kaczmareks und ihren Ruf, über Goedewaar und sein Können enthält Hedwigs auf kleinkariertem Papier in ein altes Heft der Volksschule Suderwich geschriebenes Tagebuch, eines der Dokumente in der schwarzen Aktentasche.

Der andere Beleg für den wahren Ursprung unserer Ruhrfestspiele ist ein Brief des Hamburger Schauspielers Gustav G. an Hedwig.

G. schreibt: ,...ganz ehrlich, Hettie (!). Scheiß auf die Kohle, die haben wir jetzt auch in Hamburg, unsere Schauerleute besorgen uns jede Menge aus dem Hafen. Deshalb würde ,Kunst für Kohle' jetzt auch nicht mehr funktionieren, keiner vom Schauspielhaus würde deshalb noch einmal eine halbe Weltreise nach Recklinghausen machen, so schön es da auch war.

Aber wir alle wissen ja, Kunst geht nach Brot. Und das sind in Deinem Fall diese herrlichen, stolzen und wohlgeformten Kartoffelstäbchen mit jener unglaublichen sämigen Tunke (G. war ein Sprachpurist und pflegte das Deutsche, d. Verf.). Nur ihret- und Deinetwegen bespannen wir im Mai trotzdem den Thespiskarren, nach der Aufführung kommen wir alle natürlich nach Suderwich, zu Dir und Franz und Frans.'

Das also ist die Wahrheit über die Entdeckung der Ruhrfestspiele und die Entdeckung ihrer Attraktivität, die Geburtsurkunde für Recklinghausen-Suderwich als Keimzelle der Frittenkultur des Ruhrgebiets.

Jetzt verstehen Sie sicherlich, daß erst heute in unserer hedonistischen und exhibitionistischen Gesellschaft die Zeit reif ist für meine Enthüllung. Oder können Sie sich vorstellen, daß unser Bundespräsident sich einen Ruck gegeben hätte und seine Rede beim Jubiläums-Festakt Hedwig Kaczmarek und ihren Fritten gewidmet hätte?

Und daß die Post auf ihrer Sonderbriefmarke einen Teller Pommes mit Mayo abgebildet hätte, glaube ich auch nicht.

Eigentlich, so meine ich, können wir diese Erklärung sogar, jeder für sich, sehr gut nachvollziehen. Denn die Liebe – auch die zu den Ruhrfestspielen – geht nun mal durch den Magen."

Duisburgs Oberbürgermeisterin **Bärbel Zieling** gibt sich kosmopolitisch:

„Duisburg hat die größte Imbiß-budendichte im Ruhrgebiet! Doch was läßt sich aus dieser Tatsache ablesen? Der Begriff Imbiß bedeutet nichts anderes als Zwischenmahlzeit; eine kleine Speise, die man schnell und preiswert um die Ecke kaufen und essen kann und die einen auch noch satt macht! Das kann eine Schale Pommes sein oder ein Würstchen mit Brötchen und Senf, eine Pizza oder ein Dönerkebab, bzw. Gyros, ein Burger oder Rinderfleisch ‚süß-sauer'. Wenn man sich noch die verschiedenen Variationen vorstellt, in denen es die gerade genannten Speisen gibt, wird einem sehr schnell deutlich, welch eine riesige Vielfalt sich hinter dem unscheinbaren Begriff Imbiß ver-

Multi-Kulti Bärbel Zieling in ihrer mondänen Garderobe.

birgt. Diese Vielfalt ist im Ruhrgebiet nicht zufällig entstanden, sondern über Jahre und Jahrzehnte gewachsen. Menschen, die aus aller Herren Länder nach und nach ins Ruhrgebiet kamen, haben die eigene Eßkultur mitgebracht. Daraus haben sich dann die Imbiß-Spezialitäten entwickelt, die dem Ruhrgebiet mittlerweile eigen sind. Und wenn es etwas gibt, das man mit dem Attribut ‚multikulturell' belegen kann, dann ist das die Imbißszene im Ruhrgebiet. Sie ist so vielfältig, daß sich mittlerweile sogar die hergebrachten Grenzen darin verwischen: Indische Pizzabäcker konkurrieren mit Italienern, Koreaner betreiben eine Balkan-Grillstube und verkaufen gleichzeitig Cevapcici, Frühlingsrolle und Frikandel Spezial. Den Kunden ist es egal, wer hinter der Theke steht, Hauptsache, es schmeckt. In die Ruhrgebiets-Imbißstuben kehren genauso Arbeiter ein wie Studenten. Hier trifft man Banker wie Schüler. Standesdünkel werden in Imbißbuden nicht gepflegt. Die Kunden wollen schnell, preiswert und gut essen. Diese unkomplizierte Haltung verbindet sie über alle gesellschaftliche Schranken hinweg. Wenn Duisburg also die meisten Imbißbuden pro Einwohner hat, dann unterstreicht das nur den weltoffenen Charakter der Stadt."

Für **Manni Breuckmann**, Sportreporter und Moderator der „Westzeit"
(WDR), liegt die Wiege der Currywurst in seiner Heimatstadt Datteln:

„Die Erfindung der Currywurst

Jeder Mensch mit halbwegs intakten Geschmacksnerven weiß, daß eine
Currywurst auf Bockwurst-Basis einfach nicht schmecken kann. Deshalb sprechen die Berliner, die vermeintlichen Erfinder der Currywurst, nur von einer
currywurst-ähnlichen Geschmackskatastrophe, die zudem Sodbrennen erzeugt.
Der wahre Erfinder der Currywurst heißt Curry-Franz. Er war in den 60er und
70er Jahren Inhaber einer Imbiß-Stube auf der Hohen Straße in Datteln, sein
kompletter Name ist nicht mehr bekannt. Curry-Franz war gelernter Berg-
mann, er konnte seinen Beruf wegen Staublunge nicht mehr ausüben. Schon
seine prächtig gewürzten, paradiesisch-knusprigen Bratwürste (unbekannter
Herkunft) waren reif für den dritten Stern. Das Geheimnis der daraus entstehenden Currywurst war nicht nur das Curry-Pulver vom Dattelner Wochen-
markt, sondern der Saucen-Mix, der darübergegeben wurde; er bestand aus
angewärmtem Industrie-Ketchup (das kann jeder) und einer selbstzubereiteten
göttlichen Schaschlik-Sauce. Curry-Franz ist lange tot, es wurde Zeit für ein
(kleines) literarisches Denkmal. In seinem Gourmet-Tempel wird heute Kebab
verkauft."

Für **Sahra Wagenknecht**, Vorsitzende der kommunistischen Plattform der
PDS, sind alle Fritten gleich:

„Einmal Curry extra rot

Politik hin, Wirtschaftsordnung her – die Frittenbude an der Ecke scheint
resistent gegen jeden gesellschaftlichen Wandel. Wir hatten sie in der DDR,
wir haben sie heute, und die Gefahr ist gering, daß künftige gesellschaftliche
Umbrüche ihr etwas anhaben können. Ein apolitisches Thema also? Ja und
nein. Der Snack zwischendurch schmeckt nicht weniger gut und nicht besser,
ob nun der Fritteninhaber seine Zutaten von einem privatwirtschaftlichen
organisierten Konzern oder einem gesellschaftlichen verwalteten Betrieb
bezieht. Nicht mal der SED wird nachgesagt, daß sie den Imbißständen der
DDR extra rotes Curry verordnet oder aber versucht hätte, die amerikanische
Fritte etwa durch russische Pelmejni zu ersetzen. Auch als Gegenstand von
Fünfjahrplänen sind Currywürste denkbar ungeeignet und in solchen daher
nie gesichert worden. Scheinbar regiert hier immer und unter allen Umstän-

den der Markt: Je mehr Fritten-Appetit, desto mehr Fritten-Buden, und je intensiver die Konkurrenz, desto günstiger der Preis.

Freilich hat der Frittenbudeninhaber auf letzteren genau besehen wenig Einfluß. Denn den vielen kleinen Buden stehen wenige große Wurst- und Frittenproduzenten gegenüber, die die Abnahmebedingungen bestimmen; der Budenbesitzer fügt dem vorgegebenen Preis allenfalls noch einen mehr oder weniger kleinen Aufschlag hinzu, um zu überleben und seine Kosten zu bestreiten. Er ist es, der alle Schwankungen des Frittenhungers auszubaden hat; den Löwenanteil des Geschäftsgewinns stecken andere ein. Besonders übel ist er dran, wenn die Imbißbude noch neu und womöglich mit Kredit eingerichtet ist. Die Bank – so sie sich überhaupt überreden läßt, einem Budenbesitzer in spe einige tausend DM zu saftigen Zinsen rüberzureichen, statt ihr Geld auf den internationalen Finanzmärkten zu verwetten oder nur noch das Firmenfressen der Großen zu sponsern – sitzt ihm dann mit Zins und Zinseszins im Nacken.

Die Politik redet gern von ‚Marktwirtschaft'. In Wirklichkeit regiert nicht der Markt, sondern wenige Großunternehmen – internationalisiert in Produktion und Vertrieb und unterstützt von milliardenschweren Finanzinstituten – bestimmen als ‚Marktführer' das wirtschaftliche Geschehen. Deshalb ist die gegenwärtige Konjunktur so sonderbar zweigeteilt, deshalb stehen den Rekordgewinnen von Wirtschaftsriesen und Finanzgiganten ebenso rekordverdächtig Konkurswellen kleinerer und mittlerer Firmen gegenüber.

Allerdings hatte die Fritte gegenüber Kleinunternehmen anderer Branchen vergleichsweise gute Chancen im Überlebenskampf. Denn ebenso zuverlässig, wie die Aktienkurse steigen, schmelzen Löhne und Gehälter der Normalverdiener. Wenn aber an allem gespart wird: Essen muß der Mensch. Muß er jede Mark zweimal umdrehen, wird er billig essen wollen, und was ist billiger als Fritten an der Ecke. Der leckere Imbiß zwischendurch wird zur eintönigen Hauptmahlzeit, wenn Geld und/oder Zeit fehlen, um sich anderes zu leisten. Aus der Lust wird Muß. Daß zu den wenigen Dingen, die in diesem Land noch boomen, Imbißbuden ebenso gehören wie sündhaft teure Nobelrestaurants, hat nicht nur mit Verbrauchervorlieben, sondern mindestens ebenso mit krassen Verteilungskontrasten zu tun. Letztere sorgen dafür, daß Reichtum sich oben häuft, während für den Rest der Gesellschaft immer weniger übrigbleibt. Im Gegensatz zu Fritten und Currywurst, die gestern, heute und morgen nach dem ewig gleichen Rezept gebrutzelt und gebraten werden, sind die Verhältnisse, unter denen das geschieht, änderbar. Und sollten geändert werden, wenn sie einem so, wie sie sind, den besten Fritten-Appetit verderben."

Für eine scharfe Wurst tut sie alles: Charakterdarstellerin Dolly Buster.

Dolly Buster fragt:

„Was ist meine Lieblingsspeise? Ist es

a) Pommes
b) Mayo
c) eine scharfe Currywurst?

Die Antwort: Es ist a), b) und c), aber alles in einer Schale."

Der PDS-Vorsitzende **Gregor Gysi** beschreibt am Beispiel einer Frittenbude den Untergang der ostdeutschen Wirtschaft nach der Wende:

„Wenn man so viel unterwegs ist wie ich, ist man geradezu auf Fritten angewiesen. Je häufiger man von dieser Eßkultur Gebrauch machen muß, desto mehr freut man sich dann allerdings, richtig gut essen zu gehen. Die beste Currywurst mit Pommes gibt es in der Frittenbude am Bahnhof Schönhauser Allee an der U-Bahn-Unterführung. Der Besitzer, ein Ostdeutscher, gehört zu den wenigen privaten Gewerbetreibenden in der DDR, der die Wendezeiten erfolgreich überstand."

Burkhard Drescher, Oberbürgermeister der Stadt Oberhausen,
gibt Intimes preis:

„Was haben Pommes und Politik gemeinsam? – Viel mehr, als der ahnungs-
lose Fritten-Fan glaubt. Allein schon die Farbe des Ketchups, die mir als Sozial-
demokrat natürlich besonders schmeckt.

Am eigenen Leib – und das ist wörtlich zu nehmen – erfahre ich die
Ergebnisse dieser folgenschweren Allianz: Denn jeden Besuch im ‚Hirschkamp-
Grill' (mein Favorit für die vergoldete Plastikgabel) quittiert die Badezimmer-
waage mit unnachsichtigem Ausschlag und der dringenden, digitalen Auffor-
derung zu sportlichem Ausgleich.

So muß ein Oberbürgermeister im Kernland der Currywurst nicht nur
das politische Gleichgewicht seiner Stadt ausbalancieren, sondern auch
das eigene Körpergewicht. Ein kräftezehrender Kampf zwischen Fritten und
Fitneß."

Ingo Anderbrügge, seit zehn Jahren beim FC Schalke 04, sieht eine nicht
unwesentliche Beziehung seiner Vorliebe für Currywurst-Pommes-Mayo mit
dem Gewinn des UEFA-Cups 1997 in Mailand:

„Es war der 21. März 1997, Rückspiel des UEFA-Cup-Finales in Mailand.
Elfmeterschießen! Ich dachte mir, es wäre gar nicht mal so schlecht, wenn
ich jetzt treffen würde. 70.000 Italiener im Stadion dachten da wohl anders.
Ich hob den Ball auf, schritt zum Elfmeterpunkt, und die wichtigsten
Stationen meines Fußballerlebens gingen mir durch den Kopf: das Team
von Germania Datteln, die SpVgg. Erkenschwick, der Sprung ins Profilager
bei Borussia Dortmund, und schließlich der Wechsel zu den Königsblauen
1988 – und zwischendurch erschien vor meinen Augen immer wieder der
Wunschgrill in Erkenschwick. Hier bin ich oft nach den Spielen gelandet,
habe den Sieg mit Currywurst-Pommes-Mayo gefeiert oder mir die Niederlage damit etwas erträglicher gestaltet. Und plötzlich, da mir die wirklich
wichtigen Dinge des Lebens immer deutlicher wurden, verflog meine anfäng-
liche Nervosität immer mehr. Dann ging ich ein paar Meter zum Anlauf
zurück, war gelöst und locker, ja geradezu erleichtert und euphorisch.
Ich lief an – drin! Tage später war es wieder soweit. Ich betrat den Wunschgrill, diesmal als UEFA-Cup-Sieger, und bestellte mein Standardgericht.
Der Mann hinter der Theke freute sich, mich zu sehen: Na, Ingo, was hast
du denn so gedacht vor deinem Elfmeter? Ach, gar nichts. Ich war viel zu
aufgeregt. Ich glaube, er war damit zufrieden. Er hätte mir ja doch nicht
geglaubt."

Dieter Rauer, Oberbürgermeister der Stadt Gelsenkirchen:

Die Fritte – oft geschmäht, aber heißbeliebt.
Der Fritte geht es wie dem Gelsenkirchener Barock:
Viele rümpfen ihre Nasen, aber wollen sie trozdem haben.

Okay, die Zeit, in der jeder hier im Lande von einer Wohnküche träumte, die
in die Kultur-Möbelgeschichte als Gelsenkirchener Barock einging, ist nicht
mehr aktuell. Inzwischen beherrschen andere, weniger nützliche Wohlstands-
attribute die Lifestyle-Szene. Die pompöse Wohnküche ist den funktional
nüchternen Appartmenteinrichtungen der Yuppies gewichen. Ihr Leben findet
auch nicht unbedingt in den eigenen vier Wänden statt, weil und wo das
Publikum fehlt ...

So geht es auch der Fritte. Als sie in den sechziger Jahren unsere Mägen
eroberte, dachte noch niemand an MacIrgendwas. Sie war die schnelle,
mit Currysauce oder Mayonnaise wohlschmeckend garnierte vegetarische
(Haupt-?) Nahrung zunächst für den kleinen Hunger zwischendurch, dann
als Beilage für gehobene Ansprüche.

Die industriell-technische Innovation bescherte uns dann die Friteuse für
den Hausgebrauch. Und unsere gute alte Salzkartoffel, von Bratkartoffeln ganz
zu schweigen, qualifizierte sich schon fast für ein Museum der abgelegten
heißen Kartoffeln.

Nun ist die Fritte in aller Munde, wird gegessen und gleichermaßen ver-
schmäht als fetttriefender Kartoffelstreifen, mal knusprig braun, mal schwab-
belig weich.

Wie heißt es doch: Undank ist der Welten Lohn?

Tour de Pommes
Auf der Autobahn, Richtung mittleres Ruhrgebiet.

**Die Chefs der Stadtverwaltung von Bochum, Herne, Witten
und Hattingen: Oberbürgermeister Ernst-Otto Stüber,
Oberbürgermeister Wolfgang Becker, Stadtdirektor Dr. Gert Buren,
Bürgermeister Dieter Liebig.**

BUREN: *Puh, das war ja wieder mal ein anstrengender Termin im
Ministerium für Wirtschaft und Mittelstand, Technologie und
Verkehr. Aber schön, daß wir wenigstens gemeinsam zurückfahren
können. Das war eine gute Idee von dir, Wolfgang, uns alle in dein
Auto zu packen.*

LIEBIG: *Das kann man wohl sagen. Allerdings, ich weiß nicht, woran es liegt, aber es ist ganz schön heiß hier.*
STÜBER: *Finde ich auch, hast du denn keine Klimaanlage, Wolfgang?*
BECKER: *Natürlich. Klar, die müssen wir nur einschalten. Sonst noch Wünsche?*
BUREN: *Ich schon. Wie wär's mit einem kühlen Pils?*
STÜBER: *Und für mich eine anständige Currywurst mit ein paar schönen Pommes frites. Diese ewigen Canapées kann ich schon nicht mehr riechen.*
BECKER: *Mir schlagen sie, um ehrlich zu sein, in letzter Zeit auf den Magen.*
LIEBIG: *Nur, ich vermute, unser Gastgeber aus dem trockenen Herne hat zwar kalte Luft an Bord, aber weder Pils noch Pommes.*

A 40, Höhe Essen-Steele. Dieselben.

BUREN: *Jaa, sagt mal, die Sache mit dem Bier und der Currywurst hat wirklich was für sich. Und dazu eine Handvoll Pommes. Die paar Minuten Zeit haben wir doch noch. Wißt ihr was? Ich lade euch ein!*
STÜBER: *Herzlich gerne, meine nächsten Termine macht ohnehin die Bürgermeisterin.*
BECKER: *Ich bin dabei.*
LIEBIG: *Ich auch.*
STÜBER: *Da gibt's nur ein Problem!*
BECKER: *Nämlich?*
STÜBER: *Currywurst und Pommes esse ich nur von Dönninghaus. Also, die machen eine Sauce, die Currywurst muß eine Bochumerin sein. Aus dem Oberzentrum. Und die Pommes sind da wahrscheinlich auch die größten.*
STÜBER: *(grummelnd) Quatsch.*
LIEBIG: *Kinder, Kinder. Müssen wir wegen so was zanken? Ausgerechnet wegen so was? Ich seh das auch ganz anders, die besten Pommes macht nämlich „Pommes Fritz" bei uns in Hattingen. Und die Currywurst ist da angeblich sogar vom Öko-Schwein.*
BUREN: *Schwein hin, Schwein her, das behaupten alle. Bei der Currywurst kommt es nicht darauf an, wie ökologisch sie ist, sondern wie sie schmeckt. Und da kann ich euch sagen, da gibt es nur eine Adresse: Witten an der Ruhr.*
BECKER: *Da hätten wir das Problem auch einmal wieder nicht gelöst.*
LIEBIG: *Was heißt hier „auch"?*

BECKER: *Daß wir als erwachsene Männer nicht in der Lage sind, uns wenigstens auf eine Pommes-Bude zu einigen. Ich sage mal – weil ich hier nämlich der Hausherr bin – wir holen sie in Herne bei Speckmanns. Und wenn wir dann wieder mal zusammen hin- oder zurückfahren, probieren wir eben die bei „Pommes Fritz" oder bei Dönninghaus ...*
BUREN: *... oder die von „Eddi's Durst- und Wurstexpress". An der Stockumer Straße. In Witten!*
STÜBER: *Ja, ja. Schon gut! Ihr wißt, daß ich als Bochumer nicht auf irgendeinen Proporz beharre, wenn es um das Wohl der Region geht.*
LIEBIG: *Ja, in Gottes Namen, ja, du hast recht, Ernst-Otto.*

Herne, Sodinger Straße, vor Speckmanns Pommes- und Bratwurstbude.

BECKER: (kauend) *Nicht schlecht, oder? – Ich höre nichts. Hat jemand was daran auszusetzen? – Ernst-Otto, du? Wieder?*
STÜBER: *Ich sag ja gar nichts.*
BECKER: *Eben.*
LIEBIG: *Ich jedenfalls esse sie mit Schmackes.*
BUREN: *... Wie man hört!*
LIEBIG: *... und werde mir – wer hat eigentlich gesagt, er zahlt – gleich noch eine zweite holen.*
STÜBER: *Ich auch. Die schmeckt zwar anders als die von Dönninghaus, aber, ich muß sagen, die kann man essen.*
BUREN: *Eigentlich hatte ich nur vor, eine zu bezahlen. Aber da wir uns so schön einig sind, gebe ich gleich noch die zweite aus.*
LIEBIG: *Was ist los, Gert, mit dir? So locker geht ihr doch sonst nicht mit den Spesen um, in Witten.*
BECKER: *Seid mir nicht böse, Freunde, daß ich auf die Uhr sehe. Wir sind seit sieben Minuten im Herner Rathaus verabredet. Und ihr wißt, wie knatschig Politiker sind, wenn man sie mal warten läßt.*
STÜBER: *Dann nehmen wir eben die zweite Portion auf die Hand und essen sie unterwegs. Bei Beckers gibt es garantiert auch wieder Schnittchen.*
BECKER: *Da kriegen die anderen eben eins mehr. Wer ißt, mault nicht.*

Vor dem Herner Rathaus. Dieselben, ihre zweite Portion essend.

LIEBIG: *Freunde, gelegentlich ist das Leben als Bürgermeister doch erträglich.*
BUREN: *Das kann ich nicht beurteilen. Ich bin keiner.*

Gruppenbild mit Pommes (v.l.n.r.): Dr. Gert Buren, Wolfgang Becker, Ernst-Otto Stüber und Dieter Liebig.

BECKER: *Du hast es eben nicht leicht, Gert! Als einfacher Stadtdirektor.*
STÜBER: *Jetzt mal im Ernst, Kollegen. Ich bin durchaus der Meinung, daß Pommes, Currywurst und die Trinkhalle ein ganz eigenes Stück Kultur in einer Landschaft wie der unseren sind.*
BUREN: *Kultur kann man nämlich auch ganzheitlich sehen. Da kenne ich mich aus.*
STÜBER: *So ist es. Kultur, das ist nicht nur symphonische Musik. Das ist durchaus auch das Altstadtfest in Hattingen. Oder die Zwiebelkirmes in Witten. Oder das Maiabendfest bei uns – das älteste Volksfest im Revier übrigens.*
BECKER: *Hast du eventuell schon mal von der Cranger Kirmes gehört?*
STÜBER: *Ja, gut. Natürlich!*
LIEBIG: *Also, Kollegen! Ich würde mal sagen, Schluß mit der Diskussion. Ich glaube nämlich auch, daß Crange das größte Volksfest und Kulturereignis im Ruhrgebiet ist.*
BECKER: *Und das größte Testgelände für Pommes pur oder Fritten-Variationen jeglicher Art dazu.*
BUREN: *Meine Herren, ich glaube, wir müssen jetzt wirklich rein in die nächste Sitzung! Es war, wie immer, schön mit Euch. Und denkt darüber nach, wer beim nächsten Male zahlt! Aber vielleicht lädt uns ja der Wolfgang zur Cranger Kirmes auf einen Pommes-Bummel ein.*
BECKER: *Meine Herren, so soll es sein!!!*

Die kultigsten Buden im Test

Vorab einige Hinweise:

Die im folgenden getesteten Buden gehören zu den führenden des Ruhrpotts. Fast alle der beschriebenen Betriebe sind schon viele Jahre am Ort, stellen die meisten Gerichte und Zutaten (z.B. Saucen, Salate, etc.) selbst her und haben einen hohen Anteil Stammkundschaft.

Folgende Abkürzungen werden verwendet:

CPM: Currywurst-Pommes-Mayo
ZA: Zigarettenautomat
SA: Spielautomat
WC: (engl.) Wasserklosett

Die Kriterien unseres Gesamturteils waren folgende:

Sauberkeit, Qualität des Essens, Freundlichkeit des Personals, Gesamtatmosphäre, Kultstatus, Service, Inneneinrichtung und natürlich auch subjektive Eindrücke

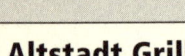

56

Altstadt Grill

Bochum-Wattenscheid

Saarlandstr. 5
44866 Bochum
Tel.: 0 23 27 / 8 88 09

Öffnungszeiten:
Montag bis Samstag
10:45 – 22:45 Uhr,
Sonntag
16 – 22:45 Uhr

Preis für CPM: 5,50 DM

CPM im Test: sehr scharfe und aparte
Currysauce nach uraltem Rezept.
Die Fritten liegen auffallend gut in
der Hand.

1954 war das Jahr zweier historischer
Ereignisse:
1. Im Berner Wankdorf-Stadion
holte Deutschland zum ersten Mal
den Fußball-WM-Titel.
2. In Wattenscheid fuhr Ernst May
zum ersten Mal seinen Imbißwagen
in die Innenstadt.

Inzwischen hat sich einiges verändert:
1. Deutschland hat mittlerweile drei-
mal den Titel geholt.
2. Den mobilen Wagen gibt es nicht
mehr. Der Grill hat heute ein festes
Zuhause (s.o.).
3. Der Besitzer heißt nun Ulrich Nix-
dorf, was der Qualität des Betriebes
allerdings keinen Abbruch tut. Wich-
tigster Mitarbeiter ist Vater Günther.
Der versichert uns, „daß die Sauce
zwar scharf ist, der Schweißausbruch
aber schnell vorübergeht".

Geblieben ist über all die Jahre die
schon erwähnte Currysauce, die seit
Betriebsgründung nach dem gleichen
Rezept angerührt wird. Angeblich gibt
es zahlreiche Gäste, die einen Aufent-
halt im Ruhrgebiet immer mit einem
Besuch in diesem Imbiß abrunden.

1 SA, 1 ZA, WC, 20 Sitzplätze

Gesamturteil: 3 Fritten

Bergbaugrill

Bochum-Innenstadt

Herner Str. 51
(gegenüber Bergbaumuseum)
44791 Bochum
Tel.: 02 34 / 51 24 83

Öffnungszeiten:
Montag bis Freitag
11 – 20 Uhr
Sa./So. geschlossen

Der Bergbaugrill in Bochum – Erlebnisgastronomie pur.

Preis für CPM: 4,60 DM

CPM im Test: geschmacklich absolut in Ordnung. Pommeslänge zwischen 1,8 cm und 11,4 cm.

Leider können wir nur in gekürzter Form auf die umfangreiche Geschichte und die zahlreichen Anekdoten dieses Grills eingehen. Erwähnt werden sollte aber auf jeden Fall:

1. Der Film:
In einem actiongeladenen Krimi (Anfang der 90er Jahre) mit Heiner Lauterbach stand der Bergbaugrill in den entscheidenden Szenen in der Schußlinie. In den Drehpausen ließ sich das Filmteam von Frau Nebeling mit Speis und Trank verwöhnen.

2. Das Video:
Für das legendäre Musikvideo zu Herbert Grönemeyers „Currywurst" wurde nicht gerade zufällig dieser Grill ausgewählt.

3. Hans Beimer:
Mit dem Spruch „Hans Beimer lebt" wurde der Lindenstraße-Star vor einigen Jahren von frenetischen Fans auf der Seitenwand des Grills verewigt. Nur einen Tag später stand der Schauspieler vor dem gesprühten Machwerk und ließ sich von der heimischen Presse fotografieren.

4. Das Lkw-Drama:
Ein Schauspiel der besonderen Art bekamen viele Kunden an der 10 Meter ent-

fernten und, wie sich schnell herausstellte, zu niedrigen Eisenbahnbrücke zu sehen. Etliche Lastzüge blieben hängen. Einer versuchte ein Ausweichmanöver und überfuhr komplett das dem Bergbaugrill gegenüberliegende Toilettenhaus. Jetzt wird die Fahrbahn tiefergelegt und verengt. Schade eigentlich!

5. Die Schere:
Seit 1978 schneiden die Eheleute Nebeling die Wurst mit der Erstschere in Stücke. Dies ist absoluter Rekord!

6. Seit 20 Jahren ißt Herr Nebeling jeden Tag Currywurst mit Pommes in seinem eigenen Laden. Übrigens erfreut er sich noch immer bester Gesundheit. Auch das erscheint uns rekordverdächtig!

Der Begriff Erlebnisgastronomie muß nach einem Besuch des Bergbaugrills neu definiert werden.

2 ZA, 1 Stehtisch

Gesamturteil: 4 Fritten

Bredenbröcker (Dönninghaus) — Bochum-Innenstadt

Schützenbahn 8 – 10
44809 Bochum
Tel.: 02 34 / 1 33 34

Öffnungszeiten:
normale Geschäftszeiten

Preis für CPM: 5,30 DM

CPM im Test: die Dönninghauswurst in gewohnter Qualität. Fritten goldbraun und knackig.

Dieser unscheinbare Imbiß ist einer von über 30 glücklichen Betrieben mit der Dönninghaus-Superwurst im Sortiment. Das allein ist bereits ein entscheidender Wettbewerbsvorsprung. Die Besitzerin übernahm den Laden 1995 von ihren Eltern und hat zuvor 15 Jahre als Krankenschwester gearbeitet. Jetzt verarztet sie den Gaumen ihrer Kunden mit Leckereien. Der Weg in die Selbständigkeit hat allerdings auch ab und zu seine Tücken: „Es gibt schon mal Leute, die einen recht schlecht behandeln – gemäß dem Motto: Du bist ja bloß eine Wurstverkäuferin."

Gesamturteil: 3 Fritten

Dönninghaus

Bochum-Innenstadt

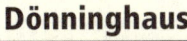

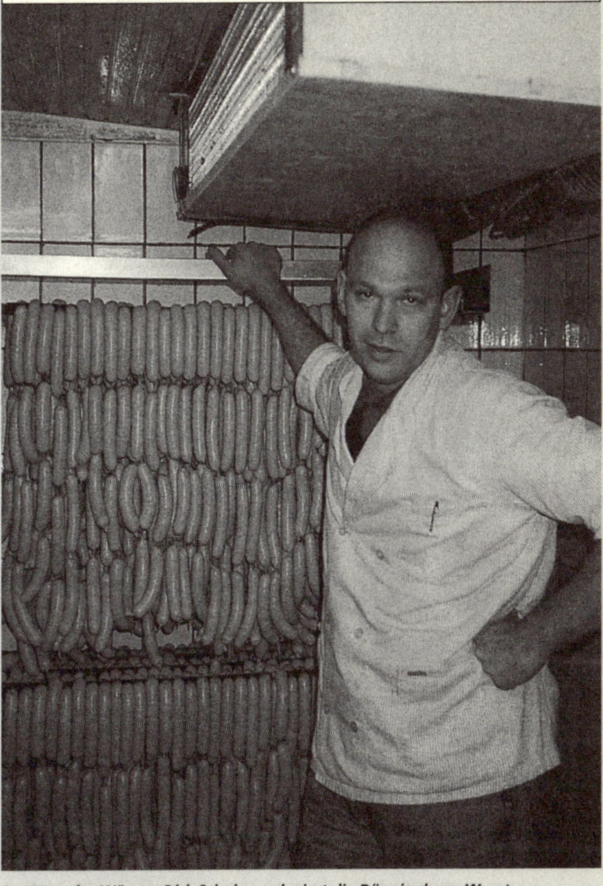

Der Herr der Würste: Dirk Schulz produziert die Dönninghaus-Wurst.

Kortumstraße 18
(am Engelbert-Brunnen)
44807 Bochum
Tel.: 02 34 / 68 42 70

Öffnungszeiten:
Mo. bis Do. 9:30 – 23 Uhr
Fr. bis So. 9:30 – 2 Uhr

Preis für die Currywurst: 3,50 DM

Die Currywurst im Test: Nur beste Zutaten gelangen in diese Wurst: Rind- und Schweinefleisch, Trockeneis, Salz und Naturgewürze im leckeren Naturdarm. Das schmeckt man. Außergewöhnlich ist auch die Sauce. Delikat gewürzt ist sie, leider wird mit dieser Kostbarkeit etwas gespart. Und Qualität hat auch hier ihren Preis: Mit 3,50 DM gehört diese Wurst ebenfalls zu den Branchenführern.

Alles hat ein Ende – nur die Wurst von Dönninghaus wird es wohl immer geben. Der Versuchung, auch irgendwann einmal Fritten anzubieten, hat die Bude am Union-Kino bis heute standgehalten und war damit in großer Gefahr, nicht in dieses Buch aufgenommen zu werden. Doch auch wir sind schließlich nicht an dieser Kultwurst vorbeigekommen.

Um den Entdecker der Currywurst ist man sich immer noch nicht ganz einig. Die Berlinerin Herta Heuwer soll sie am 4. September 1949 erfunden und zum ersten Mal verkauft haben. Andere sprechen diese Pionierleistung der Hamburgerin Lena Brücker zu. Wie auch immer: Heute, und das jetzt schon seit vielen Jahren, wohnt die Wurst der Würste in Bochum an der Kortumstraße. Angeblich war es genau diese Wurst, die Herbert Grönemeyer so gefühlvoll besang: „Gehse inne Stadt, wat macht dich da satt, ne Currywurst."

Vor über 30 Jahren wurde die erste Bude aufgemacht, immer mehr Imbisse wollten im Laufe der Zeit den Namen des Wurstbarons auf dem Dach tragen. Vor 15 Jahren wurden die eigenen Betriebe dann verkauft. Heute gehört das Wursthaus am Engelbert-Brunnen Lore Gottwald, beliefert werden sie aber immer noch von dem Hauptgeschäft an der Brückstraße. Hier produziert Dirk Schulz, Geschäftsführer und Enkel des Gründers Otto Dönninghaus, mit seinen Mitarbeitern nicht selten über 50.000 Würste in der Woche, und im Sommer, zur Grillsaison, stehen die Leute häufig Schlange bis zur Straße. Doch was wäre diese Wurst ohne ihre unvergleichliche Sauce. Auch die gibt es mittlerweile in der Wursterei zu kaufen, das Rezept wird allerdings bis heute streng gehütet.

Gesamturteil: 5 „Würste"

Hoffmann's Gulaschküche

Bochum-Innenstadt

Schmackhaftes Gedicht aus „Hoffmann's Gulaschküche".

Viktoria Str. 20
44787 Bochum
Tel.: 02 34 / 1 48 27

Öffnungszeiten:
Mo. bis Fr. 11 – 19 Uhr
Sa. 11 – 14 Uhr
So. geschlossen

Preis für CPM: moderate 4,50 DM

CPM im Test: CPM nur knapper Durchschnitt. Fritten schön übersichtlich arrangiert. Die Spezialitäten sind hier andere.

Hoffmann's Gulaschküche gibt uns zunächst Rätsel auf: Warum heißt der Laden so? Weil Dieter Hoffmann ihn aufgemacht hat und weil er einer der ersten war, der Gulasch mit Nudeln auf der Speisekarte hatte. Und warum ist der Betrieb nicht nur in Bochum, sondern auch außerhalb der Stadt bekannt und beliebt? Weil der Chef mit seiner Frau Edith fast alle Gerichte selbst zubereitet, z.B. Gulasch, Sauerbraten, Feuerfleisch, Wirsing-, Bohnen- und Möhreneintopf, Grünkohl und vieles mehr. „Solche Gerichte macht doch kaum noch einer selbst heute", weiß Dieter Hoffmann. Besonders beliebt ist stets das Tagesgericht zum volkstümlichen Preis von 5,50 DM. Als Nachtisch empfiehlt sich Götterspeise mit Vanillesauce. Dieter Hoffmann trifft genau den Geschmack der Kunden, und das seit 20 Jahren. In Riemke gab es den ersten Laden, Pomm Hoffmann. Vor 10 Jahren eröffnete der Metzgermeister dann die Gulaschküche in Bochums City. Selbst kreiert sind allerdings nicht nur die Gerichte. Auch die

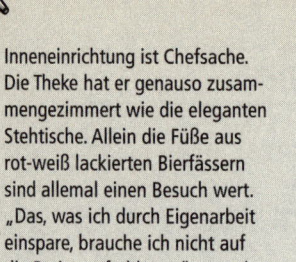

Inneneinrichtung ist Chefsache. Die Theke hat er genauso zusammengezimmert wie die eleganten Stehtische. Allein die Füße aus rot-weiß lackierten Bierfässern sind allemal einen Besuch wert. „Das, was ich durch Eigenarbeit einspare, brauche ich nicht auf die Preise aufschlagen", sagt der 58jährige über seine Strategie. Und 4,50 DM für CPM sind in der Tat ziemlich wenig für dieses Gericht. Seit zwei Jahren prangt der Name

Hoffmann übrigens noch über einer anderen Frittenranch der Stadt. Der Sohn ist jetzt ebenfalls Metzgermeister und hat seinen Imbiß Gulaschküche Hoffmann Junior genannt. Warum wohl? fragen wir uns wieder einmal.

Gesamturteil: 3 Fritten

Holzkohlengrill

Bochum-Wattenscheid

Oststr. 34
44787 Bochum
Tel.: 0 23 27 / 8 92 52

Öffnungszeiten:
Mo. bis Fr. 10 – 19 Uhr
Sa. 10 – 16 Uhr
So. geschlossen

Preis für CPM: 5,50 DM

CPM im Test: klasse Wurst und klasse Currysauce. Pommes lecker saftig und reichlich.

Wo wendet heutzutage noch jemand die Wurst auf einem richtigen Holzkohlengrill? Im Holzkohlengrill in Wattenscheids Innenstadt zum Beispiel. Seit 1970 ist der winzige Laden bereits am Ort, und man hat das Gefühl, die Zeit sei stehengeblieben.

Der ca. 4 qm kleine und beige gefliese ‚Raum' verstrahlt zwar den Charme eines Gäste-WC's, aber hier dominiert halt nicht das Äußerliche, sondern eindeutig der vorzügliche Geschmack des Essens. Inhaber Peter Hartbecke ist kein Anfänger, schließlich hat er den Vater schon Ende der 50er Jahre auf die Kirmes und auf Weihnachtsmärkte des Ruhrgebiets begleitet, wo dieser als einer der ersten Pommes anbot. 1961 machte der Vater dann in Gelsenkirchen die erste Bude auf. Vom ersten Tag an dabei war Edeltraud Dröger, die bis heute als Aushilfe im Wattenscheider Imbiß arbeitet. Diese Nibelungentreue ist sagenhaft.

Gesamturteil: 3 Fritten

Luhn's Grill

Herner St. 372
44807 Bochum
Tel.: 02 34 / 53 16 49

Öffnungszeiten:
Mo. bis Sa. 11 – 22 Uhr
So. 16:30 – 22 Uhr

Preis für CPM: 5,00 DM

CPM im Test: sehr gute Sauce mit
würzig-süßem Geschmack. Die Wurst
kommt aus eigener Herstellung.
Pommes könnten etwas länger sein,
um Gabeleinstichwerte zu verrin-
gern.

Einzigartig in ganz NRW ist hier:
Wer ein Schnitzel bestellt, erhält
zwei. Fleischermeister Günther Luhn
ist Garant für die Frische seiner

fleischigen Ware. 1968 bestand
er seine Meisterprüfung und führt
seitdem seinen Grill. Von innen eher
schlicht und klein, überzeugt der
Imbiß einzig und allein durch sein
durchweg gutes Essen. Hervorzuheben und über die Grenzen Bochums
hinweg bekannt sind vor allem die
saftigen Schaschliks mit der hervor-
ragenden Sauce. Bei Menschen, die
eine ruhige Mahlzeiteinnahme bevor-
zugen, könnte der tobende Verkehr
auf der Hauptstraße störend wirken.

4 Sitzplätze

Gesamturteil: 3 Fritten

Profi-Grill

Bochumer Str. 96
44866 Bochum
Tel.: 0 23 27 / 8 23 61

Öffnungszeiten:
täglich 8:30 – 22:30 Uhr

Preis für CPM: 5,50 DM

CPM im Test: knusprige Fritten,
leckere, cremige und schneeweiße
Mayo, eine gute Wurst, eine sehr

gute Sauce. Und wer will, kann hier
ohne Probleme seine „Extrawurst"
(z.B. „extra scharf") verlangen.
Ein Tip: Zu den Pommes sollte man
anstelle der Mayo die Spezialsauce
(mit Zwiebeln) bestellen.

Raimund Ostendorp hat sicherlich
einen der bemerkenswertesten
Lebensläufe aller Imbißbudenbesit-
zer. Er kommt aus der Gour-
met-Gastronomie,

hat in hochdekorierten Restaurants gelernt und gearbeitet, einige Preise eingeheimst und war zuletzt Demi-Chef de Cuisine im „Schiffchen" des Drei-Sterne-Kochs Jean Claude Bourgueil in Düsseldorf. Und plötzlich, im Januar 1991, geht der junge Mann in den Kohlenpott und eröffnet im tristen Bochum-Wattenscheid eine Pommesbude. Mit diesem Werdegang war natürlich eine PR-trächtige Geschichte geboren, und da Raimund Ostendorp nicht nur gut kochen, sondern sich auch noch gut vermarkten kann, wußten bald ziemlich viele von diesem etwas anderen Imbiß. Nach einigen Berichten im Radio und in Zeitungen war er Titelstory des Fach-

Hat gut lachen: Wattenscheid's Profi Griller Raimund Ostendorp in seinem vormals weißen Rolli.

magazins SNACK, wurde live zu Ulla Kock am Brink in die Fernseh-Sendung geschaltet, war Thema von Fernsehberichten im WDR und auf RTL. Und bald will er mit Alfred Biolek kochen. „Die beste Werbung, die es für mich gibt", sagt er zu Recht. Aber es war nicht nur die Story, die den 30jährigen so bekannt gemacht hat. Das Essen ist einfach klasse! Das Angebot ist eher Standard, aber das Schnitzel wird eben in der Pfanne gebraten, die Zutaten sind frisch und hochwertig, die Saucen schon jetzt echte Klassiker. Für den Krautsalat verwendet Ostendorp übrigens Weiß-kohl aus Vaters Garten am Nieder-rhein („Bestimmt nicht gespritzt").

Weitere Besonderheiten: Kurt's Frikadelle und Kurt's Sauce. Kurt **Kotzlowski** war zu Lebzeiten die Wattenscheider Imbißlegende (vor allem die Fricke mit Sauce). Nach seinem Tod hat Raimund Ostendorp die Rezepte übernommen, die über Jahrzehnte nur Kurt Kotzlowski

benutzen durfte. Und als wenn das alles noch nicht reichen würde, setzt Raimund Ostendorp auch im Dienst-leistungsbereich Maßstäbe: Viele Kunden werden mit Handschlag begrüßt, manchmal setzt er sich für einen Plausch an den Tisch, wenn es geht, erfüllt er Sonderwünsche bei der Zubereitung.

Und weil das alles so ist, kommen die Kunden mittlerweile von überallher und sorgen für steigende Umsätze. Das einzig „Normale" am Profi-Grill ist eigentlich nur die Optik: schlicht und einfach eingerichtet, nichts Besonderes, eben eine ganz normale Bude.

1 SA, 1 ZA, Musik, 20 Sitzplätze

Gesamturteil: 5 Fritten

Schlemmerstübchen

Bochum-Innenstadt

Castroper Straße 234 b
44791 Bochum
Tel. 02 34 / 59 13 08

Öffnungszeiten:
Mo. bis Sa. 11:30 – 22 Uhr
So. 17 – 22 Uhr

Preis für CPM: 4,90 DM

CPM im Test: Die Currysauce ist klasse. Selbstgemacht und richtig scharf! Pommes derart aerodyna-misch, daß man sie auch als Dart-Pfeile einsetzen könnte.

500 Meter vom Ruhrstadion, der Heimat des VFL Bochum, gibt es einen Imbiß,

Die kultigsten Buden im Test
Bochum

der vielleicht eine der schärfsten Currysaucen des Reviers produziert. Man muß nur sagen: „Extra scharf", und schon bekommt man eine Currysauce zu schmecken, die einem das Wasser in die Augen treibt. Die großen Stücke, die wir fälschlicherweise für Paprika hielten, entpuppten sich nach dem ersten Bissen als Peperoni. Am besten ist es , wenn man gleich drei Liter Cola mitbestellt. Auch das Schlemmerstübchen hat Tradition. 1968, in der Blütezeit der Studentenrevolte, eröffnet, haben sich hier schon Generationen von VFL-Fans im Laufe der Jahre nach einem der nicht mehr zählbaren Abstiege aus der Bundesliga bei CPM gegenseitig getröstet. Vielleicht haben sie das auch bei Calamares getan, die für schlappe 5,50 DM zu haben sind. Aber nicht nur VFL-Fans finden den Weg zu diesem Ort, auch Herbert Grönemeyer und Jochen Schröder haben hier schon gespeist. Die sind dem aktuellen Besitzer, Ingo Djemaoune, mindestens genauso lieb, denn für Fußball hat er sowieso nichts übrig. Dafür hat der junge Mann ein um so ausgeprägteres Interesse am Umweltschutz. Jeder Kunde, der außerhalb ißt, bezahlt 10 Pfennig für die Plastikgabel. An der Decke baumeln Energiesparlampen, und die Speisen werden in altes Zeitungspapier eingepackt. Dessertvorschlag: eine Handvoll Bonbons am Automaten vor dem Eingang ziehen.

1 SA, 1 ZA, WC

Gesamturteil: 3 Fritten

Karin's Imbiß

Castrop-Rauxel-Behringhausen

Westring (Am Hagebaumarkt)
44575 Castrop-Rauxel

Öffnungszeiten:
Sa. bis Fr. 10:30 – 19:00 Uhr
Sonntag Ruhetag

Preis für CPM: 5,50 DM

CPM im Test: Die sehr schnelle Zubereitung, eine ansprechende Portion Pommes sowie die gut schmeckende, liebliche Currysauce können im vollen Umfang überzeugen. Nur die Mayo verflüssigt sich ein wenig.

Heutzutage findet man an fast jedem größeren Bau-, Super- oder Getränkemarkt einen dieser typischen kleinen Container, die den gestreßten wie hungrigen Einkäufern die Imbiß-Standardmenüs offerieren. Vorteil Nr. 1 von Karin's Imbiß sind die für eine Pommesbude phänomenalen Parkmöglichkeiten. Vorteil Nr. 2 ist der sicherlich kräftezehrende Einkauf in einem Baumarkt: Sind die Zementsäcke, das Bauholz oder die Fertig-Gartenhäuschen erst einmal im Kombi oder Mini-Van verstaut und steigt einem dann auch noch der verführerische Duft frisch gegrillter Würstchen oder lässig vor sich hinbrutzelnden Zwiebelfleischs in die Nase, kann man der Versuchung gar nicht mehr widerstehen. Wem die Schlange zu lang ist, kann auf die Zweigstelle nebenan ausweichen.

Frikadellen und Nudelsalat sind selbstgemacht. Zwiebelfleisch ist die Spezialität des Hauses.

Ach ja, Vater Beimer aus der „Lindenstraße" soll auch hier gesichtet worden sein.

Gesamturteil: 2 Fritten

Imbiß John

Castrop-Rauxel-Innenstadt

Obere Münsterstr. 20
44575 Castrop-Rauxel

Öffnungszeiten:
täglich 12.00 – 21.00 Uhr
Mi. und So. Ruhetag

Preis für CPM: 4,70 DM

CPM im Test: Man sagt, Paulas Pommes waren die schönsten!

Leider hatten wir nicht mehr das Vergnügen, bei Frau John persönlich die Pommes zu testen, denn Anfang 1998 wurde die nette Dame mit viel Tamtam und einem eigens für sie komponierten Lied (!) in den Ruhestand verabschiedet. Nun hat sie endlich mehr Zeit, sich ihren Enkeln zu widmen. Das Wissen rund um die Kunst der Frittenzubereitung, das sich die Grande dame der Castroper

Imbißszene in 25 Jahren erworben hat, hat uns schlichtweg beeindruckt.

Aus verständlichen Gründen können, dürfen und wollen wir all ihre Geheimnisse nicht preisgeben. Nur soviel sei hier gesagt: Die Schmackhaftigkeit der Fritte steht in einem unmittelbaren Zusammenhang mit der Hitze des Fettes und der Verweildauer in demselben. Eine der ersten Spezialitäten war der Backfisch, seinerzeit sonst nirgendwo anders erhältlich. Ebenfalls sehr beliebt waren die nach eigenem Rezept angefertigten Kartoffel- und Nudelsalate. Leicht war die Arbeit allerdings nie: Jeden Morgen um 5.30 Uhr aufstehen, keine Urlaubsvertretung, und Krankwerden war einfach nicht möglich. Anschreiben war zwar nie drin bei Paula John, doch für die Fälle, bei denen die Geldbörse nicht

Die kultigsten Buden im Test
Castrop-Rauxel

ausreichte, gab's halt ein paar Pommes weniger auf den Teller. Die Bude im Zentrum Castrops existiert weiterhin, an gleicher Stelle – aber eben ohne Pommes-Paula.

Gesamturteil: 4 Nostalgiefritten

Finke's Hähnchen-Klause   *Dorsten-Holsterhausen*

Friedrichstraße 1b
(Ecke Borckener Straße)
46284 Dorsten
Tel.: 0 23 62 / 6 24 70

Öffnungszeiten:
Mo. bis Sa. 11 – 23 Uhr
So. 17 – 22 Uhr

Preis für CPM: 5,95 DM

CPM im Test: Wurst, Currysauce und Pommes erreichen Medianwerte. Bei der Mayo wird der Testgaumen allerdings skeptisch, denn irgendetwas fehlt. Nach langer Recherche steht fest: Hier fehlen die Konservierungsstoffe!

Funke (Stadtmitte) und Finke, diese Namen stehen in Dorsten seit jeher für beste Frittentradition. Beide dürfen wir anpreisen, einer genaueren Betrachtung unterziehen wir Finke's, da noch länger am Ort. Bereits im August 1966 war es nämlich Heinz Finke, der es verstand, die Hähnchen besonders lecker und knusprig zu grillen. Die Flattermänner, frisch vom Erzeuger und aus Bodenhaltung, gehören bis heute

zu den Spezialitäten des Betriebes, den inzwischen Sohn Heinz-Peter führt. Der ist übrigens staatlich geprüfter Küchenmeister, ein nicht allzu oft gehörter Titel in dieser Branche. Mit der 2. Generation hat sich die Firma auch äußerlich gewandelt: Das Angebot und der Partyservie wurden ausgebaut, die Räumlichkeiten aufwendig renoviert: „Echtes Granit", sagt der Chef und zeigt, nicht ohne Stolz, auf Teile seiner Inneneinrichtung. Auch aktuellste politische Entwicklungen verschläft das moderne Unternehmen nicht. Als vor ein paar Jahren dem Betrieb ein Veranstaltungsraum im anliegenden Schermbeck zur Anmiete verweigert wurde, bezog sich Finke auf einen EU-Beschluß, der offenen Wettbewerb garantiert, und gewann den Rechtsstreit.

1 SA, WC, 15 Sitzplätze
(auch draußen)

Gesamturteil: 3 Fritten

Athen-Grill

Asselner Hellweg 120
44319 Dortmund
Tel.: 02 31 / 27 88 24

Öffnungszeiten:
Mo. bis Sa. 11 – 23 Uhr
So. 16 – 23 Uhr

Preis für CPM: 4,90 DM

CPM im Test: Der Standard-Teller liegt
voll im Rahmen. Fritten haben das
Fett gut absorbiert. Man hat länger
was davon. Besonders bißfest!

Ende der 60er Jahre begann die Ära
der Schnellimbisse auch im nicht
gerade aufgeweckten Dortmunder
Ortsteil Asseln mit dem ‚Burg-Grill'.
Internationales Flair erreichte dieses
schnuckelige Nest spätestens vor
zwölf Jahren, als griechisches
Ambiente in den Räumlichkeiten des
‚Burg-Grills' Einzug hielt. Der ‚Athen-
Grill', seit acht Jahren im Besitz
des Ehepaares Mitakos, war geboren.
Und, verdammt noch mal, hier ist
es griechisch!! Seien es die wunder-
schönen Wandmalereien, der typische weiß-blaue Anstrich oder natürlich die diversen Grill-Spezialitäten:
Das Mittelmeer läßt grüßen. Weintrauben (Plastik) ranken sich um
das Terrassengebälk über sage und
schreibe zwei Etagen! Fragen wirft
nur das Aquarium auf, welches im
Zentrum der Lokalität dezent depla-
ziert erscheint.

Außer drei bis vier Hydroschnecken
(wahrscheinlich zur Glasreinigung
engagiert) gibt's hier nichts zu
fischen. Einen guten Fang macht man
aber bestimmt mit den Spezialitäten
des Hauses, wie Gyros und verschie-
denste Schnitzel. Bemerkenswert:
Im gleichen Gebäude befindet sich
eine Disco (in unserer Testphase
jedoch gerade im Umbau befindlich).
Im ‚Athen-Grill', soviel steht fest, ißt
das Auge wahrlich mit.

2 SA, WC, Kinderstühle, Abenteuer-
Aquarium, 25 Sitzplätze

Gesamturteil: 3 Fritten

Bonde's Grill

Dortmund-Mitte

Oesterholzstr. 60
44145 Dortmund
Tel.: 02 31 / 83 14 82

Öffnungszeiten:
tägl. 10:30 – 21:00 Uhr

Preis für CPM: 5,00 DM

CPM im Test: grundsolide Brat- und Frittierleistung. Fritten goldgelb und reichlich.

Wir schreiben das Jahr 1909: Eine Gruppe halbwüchsiger fußballbegeisterter Buben gründet aus Trotz gegenüber dem gestrengen Herrn Kaplan, der diese Mannschaft bis dahin betreut hatte, einen eigenen winzigen Verein mit dem Namen Borussia Dortmund. Dies geschah just in den Räumen, die heute den ,Bonde's Grill' beherbergen. Vormals war hier das Vereinsheim ,Zum Waldschütz', und eine Etage darüber wurden die Spielerverträge ausgehandelt.

Seit 1968 werden hier ganz andere Würstchen bearbeitet. Zweihundert Meter vom legendären Borsigplatz entfernt huldigt Inhaber Andreas Dürr ,seinem' Verein mit entsprechender Außen- und Innendekoration (zahlreiche Uralt- und aktuelle Fotos und andere Erinnerungen). Ein großer Wunsch des Besitzers wäre die Erlaubnis des Vereins, an dieser

Stätte eine Gründungstafel anbringen zu dürfen. Aber der ach so traditionsbewußte und ,volksnah' gebliebene Ballsportverein Borussia 09 hat es bislang nicht für nötig befunden, auf die zahlreichen Briefe und Faxe von Andreas Dürr in den letzten Jahren überhaupt zu reagieren. Unglaublich!

Trotzdem wird hier an jedem 19. Oktober eine BVB-Geburtstagsparty gefeiert. Hin und wieder verirrt sich sogar der eine oder andere Spieler der Borussia hierhin. Was für die Vereinsspitze scheinbar nicht gilt, ist für den echten Fan ein Muß: der ,Bonde's Grill'!

1 SA, Kaffee-Automat
zur Selbstbedienung,
35 Sitzplätze

Gesamturteil: 4 Fritten

Fritten-Ranch
Dortmund-Dorstfeld

Planetenfeldstr. 98
44379 Dortmund
Tel.: 02 31 / 61 40 46

Öffnungszeiten:
Mo. bis Fr. 7 – 17:30 Uhr
Sa. / So. geschlossen

Preis für CPM: 5,60 DM

CPM im Test: ein Hauch von Wild-
west. Frittendichte strotzt auch der
heißesten Currysauce. Knack- und
Bißgeräusche durchaus möglich.

Staubige Straßen, menschenleer, nur
im Saloon, da ist noch wer. Hier wird
zünftig gepokert, ein As verschwindet
im Ärmel, eine finstere Gestalt spuckt
einen Wiskykorken aus, und der Pia-
nist erhält mit gezogenem Colt den
Auftrag: Spiel mir das Lied vom Tod.
Heute geht es hier gemächlicher zu:
Die Straßen sind mittlerweile geteert,

die Prärie mußte gewerblicher Nut-
zung weichen, Glücksspiel ist verbo-
ten worden, statt eines Pianisten gibt
es Guildo Horn im Radio. Doch, so
der Inhaber, knisternde Spannung
liegt auch heute noch in der Luft.
„Erst neulich ist hier eine Mülltonne
die Straße runtergerollt." Hoppla!
Die Spezialität des Hauses trägt den
Namen der heutigen Stammkundschaft: Fernfahrerschnitzel. Für die
Mitarbeiter der umliegenden Gewer-
bebetriebe wartet die Fritten-Ranch
mit täglich wechselndem Mittagstisch auf. Und wie gesagt: „Lang-
weilig wird's hier nicht."

Zigaretten (Thekenverkauf)

Gesamturteil: 3 Fritten

Der Thüringer
Dortmund-Innenstadt

Am Markt 4
44319 Dortmund
Tel.: 02 31 / 21 27 28

Öffnungszeiten:
Mo. bis Fr. 10 – 21 Uhr
Sa. 10 – 17 Uhr, So. 15 – 21 Uhr

Preis für CPM: 7,80 DM

CPM im Test: Hier gibt es die gute
alte Thüringer Bratwurst, die ein
Metzger nur für diesen Betrieb herstellt. Dazu kommt eine Currysauce,
die eher Zigeunersauce entspricht
(mit Gurken und Paprika). Die Pommes sind original holländisch. Tip:
Die verschiedenen Saucen
(z.B. Schmecker-

lecker Sauce, Sate Sauce, Mexiko Sauce).

In Dortmunds Innenstadt steht die teuerste Frittenbude des Reviers. 1981 übernahm Familie Goebel diesen Grill, der nicht nur mit seinen gesalzenen Preisen Maßstäbe setzt. Der Andrang ist an Spitzentagen derart groß, daß schon mal eineinhalb Tonnen der leckeren Grobschnitt-Kartoffelstäbchen über die Theke gehen. Deren gleichbleibende Qualität werden vom Inhaber noch persönlich geprüft. Und der weiß: „Die Qualität hängt von der Jahreszeit ab. Viel Wasser in den Kartoffeln ist nicht gut." Serviert werden diese übrigens in einzigartigen, runden Papptellern.

Auch bei der Inneneinrichtung geht der Imbiß eigene Wege. Für die Komposition von Chrom, Stahl, Messing und Granit wurde eigens ein Innenarchitekt verpflichtet.

Außerhalb der modernen Räumlichkeiten sind die Spezialitäten des Thüringers inzwischen ebenfalls zu erwerben. In den letzten Jahren bietet Familie Goebel nun auch einen Party-Service und V.I.P.-Catering an.

Gesamturteil: 3 Fritten

Imbiß (Bornhoff)

Dortmund-City

Hohe Straße 79 / Ecke Mittelstraße
(Kreuzviertel)
44187 Dortmund

Öffnungszeiten:
Mo. bis Do. 11:45 – 19:30 Uhr
Fr. 11:45 – 19:00 Uhr
Sa. / So: Ruhetag

Preis für CPM: 4, 80 DM

CPM im Test: recht lecker, und das ohne viel Wirbel. Fritten unauffällig. Mikado-geeignet!

Unweit der Dortmunder Wälle befindet sich ein Kracher der westfälischen Fritten-Szene. Kennzeichen des Betriebes des Ehepaares Bornhoff ist Spärlichkeit in allen Belangen, außer beim Geschmack von Fritten und Wurst. Ohne die stets präsente Schlange von Kunden würden Erstbesucher Gefahr laufen, dieses Imbiß-Highlight schlicht zu übersehen.

Der Imbiß ist ein ca. 1,90 m hoher, 1 m breiter und 6 m langer Anbau an einen stattlichen Altbau des Dortmunder Barock. In Anbetracht des sich durch die Enge der gewagten Architektur zwängenden Ehepaares fühlt sich der Kunde genötigt, bei der Bestellung ebenfalls eine geduckte Haltung einzunehmen (sozusagen: der Diener vor dem Herrn).

Die Speisekarte ist ebenso lang, wie der Imbiß breit ist: Außer Pommes, Wurst, Mayo und Ketchup gibt es nur noch Cola, Fanta und Sprite. Aber dies reicht völlig aus, da die Sachen ausnehmend lecker sind und der skurrile Rahmen alles andere als nebensächlichen und überflüssigen Firlefanz erscheinen läßt. So muß

es auch die weitgefächerte Stammkundschaft empfinden. Hier hält neben dem teuren Sport- auch der kleine Kinderwagen. Hochdotierte Fußball-Profis und mies bezahlte Tatort-Kommissare (Dietmar Bär) lassen es sich hier auch ab und zu schmecken.

Gesamturteil: 4 Fritten

Ali's Döner Kebap

Duisburg-Altstadt

Ali's legendäre Frittenmoschee in Duisburgs schöner Innenstadt.

Kasinostr. 10
47051 Duisburg
Tel.: 02 03 / 2 58 67

Öffnungszeiten:
Mo. / Di. 11:30 – 2 Uhr
Mi. bis Fr. 11:30 – 5 Uhr
Sa. 13 – 5 Uhr
So. u. feiertags 16:30 – 5 Uhr

Die kultigsten Buden im Test
**Dortmund
Duisburg**

Preis für CPM: 4,60 DM

CPM im Test: Die Sauce ist angenehm scharf, die Fritten haben durchaus Biß.

Ein erstes Highlight sind die an die hiesige Diskothek (Old Daddy) angepaßten Öffnungszeiten. Grund: Ali war einer der ersten, der mit einer derartigen Konzession ausgestattet wurde. Die Folge: Zu später Stunde treibt sich auch manches Gesindel durch Duisburgs Straßen und macht die ohnehin schon stressige Arbeit nicht unbedingt leichter. Ein weiteres Highlight sind natürlich die berühmten Döner. Wie alle anderen Duisburger Geschäftsleute hat auch Ali mit der Konkurrenz des neugegründeten Delta Musikparks in Meiderich und dem CentrO in Oberhausen zu kämpfen. Seine Antwort: Das Angebot wurde kurzfristig um den italienischen Klassiker Pizza erweitert. Die Geschehnisse in den Ruhrgebietsmedien nahm er hingegen kaum wahr. So erfuhr er erst nachträglich von der Auszeichung seines Lokals in der Szenezeitung PRINZ. Von einem Freund benachrichtigt, fuhr er sofort in eine nahegelegene, gleichnamige Kneipe. Erst später erklärte man ihm das Mißverständnis. So ist er halt, unser Ali.

2 SA, WC, 16 Sitzplätze, Musik (orientalisch)

Gesamturteil: 3 Fritten

Berliner Imbiß

Olaf Müglitz, Erfinder der „Feuerwurst", in seiner Duisburger Bude.

Düsseldorfer Str. 254
47053 Duisburg
Tel.: 02 03 / 77 59 89

Öffnungszeiten:
Mo. bis Fr. 11 – 21 Uhr
Sa. 11 – 17 Uhr
So. geschlossen

Preis für CPM: 6,00 DM
(Currywurst spezial 4,00 DM !)

CPM im Test: die absolute Höllensauce. Feurig scharf und teuflisch gut.
Wir behaupten: Das Schärfste, was
uns je zwischen die Zähne gekommen
ist. Eine echte Herausforderung für
Scharfesser. Fritten dienen als will-
kommene Feuerlöscher.

Eins steht fest: Hier geht's nicht um
die Wurst, sondern nur um die Sauce.
Inhaber Olaf Müglitz ist Berliner und
importierte der Hauptstadt liebstes
Kind vor 13 Jahren nach Kaiserswerth.
Lange suchte er nach dem ultimativen
Saucenrezept, und wir können sagen:
Er fand es! Wer Currywurst spezial
bestellt, bekommt eine original Berliner Wurst (da drücken wir mal ein
Auge zu) und dazu die beschriebene
Feuertunke. Allerdings muß man
erwähnen, daß auch abgeschwächte
Versionen zu haben sind. Schnell
hatte sich die Bude (am Klemens-
platz), die heute der Sohn betreibt,
etabliert und wurde bald zum Fall
für die Presse: In zahlreichen
Medien wurden

der Imbiß und sein Saucenpapst gepriesen. In einem großangelegten Test eines hinlänglich bekannten Boulevardblattes belegte 1996 die Feuerwurst mit der Note 1 ganz klar den ersten Platz (der Zweitplazierte erreichte gar nur die Note 3). Bei soviel Popularität wundert es nicht, daß selbst bei offiziellen Anlässen die Wurst der Stargast war. Noch vor kurzem gab ein Duisburger Journalist

seinen Ausstand in der Redaktion und ließ sich 50 mal Currywurst spezial schicken. Eine heiße Abschiedsparty!

Gesamturteil: 4 Fritten (die Höllensauce verdient eine Extrafritte!)

City-Grill

Duisburg-Altstadt

Steinsche Gasse 31
(Eingang Untermauerstraße)
47051 Duisburg
Tel.: 02 03 / 2 57 50

Öffnungszeiten:
Mo. bis Do. 11 – 24 Uhr
Fr. / Sa. 11 – 1 Uhr
So. geschlossen

Preis für CPM: 4,10 DM
(unbestrittener Spitzenreiter)

CPM im Test:
Wurst: Vielleicht hatten die Tester einfach nur einen schlechten Tag erwischt?!
Pommes: wohlschmeckend

Tatort City-Grill: Hier stand Schimanski bei der Drehpause am Tresen und bestellte Currywurst-Pommes-Mayo. Auch die Fußballer des MSV Duisburg bekamen hier schon ihr Fett weg. Seit über 20 Jahren ist der Imbiß schon

am Ort, und wir haben nirgends im Revier den Klassiker CPM preiswerter bekommen. Auch andere Gerichte liegen preislich weit unter dem Durchschnitt: Diverse Kroketten 1 DM, Mettbrötchen 1 DM, und die Gulaschsuppe kostet mickrige 3,50 DM. Daran wird sich, nach Aussage der Besitzerin, auch so schnell nichts ändern. Geändert hat sich allerdings der Andrang unter der roten Markise, denn Oberhausens Mega-Einkauksmeile CentrO hat aus Duisburg viele Kunden abgezogen. Aber genauso, wie der City-Grill eine Brandstiftung vor drei Jahren überlebt hat, wird er auch diese neue Situation meistern.

1 ZA

Gesamturteil: 2 Fritten

Nikolaus-Grill

Duisburg-Hochfeld

Wörthstraße 3a
47053 Duisburg
Tel.: 02 03 / 6 41 01

Öffungszeiten:
täglich 11:30 – 22:30 Uhr

Preis für CPM: 5,10 DM

CPM im Test: normgerecht. Der Laden überzeugt mehr durch die Angebotsvielfalt (über 100 Gerichte).

Im schönen Duisburger Stadtteil Hochfeld packt der Nikolaus seit über 20 Jahren seine große Tasche aus. Und die Gaben sind reichlich: 35 verschiedene Pizzen, 20 Nudelgerichte, Salate, Grillgerichte, Gyros, Reibekuchen, überbackenes Gemüse, Steaks und vieles mehr. Durch die Nationalität des neuen Inhabers kommen auch indische Spezialitäten auf den Teller. Im Inneren dominiert eine dezente Deckenbegrünung. Hier achte man besonders auf die herabhängenden Weintrauben. An den Wänden befinden sich unbezahlbare Schätze aus dem hellenischen Kulturkreis. Höhepunkt der Inneneinrichtung sind aber zweifelsohne die zu Übertöpfen umfunktionierten Schaschliksauceneimer, in denen nun üppige Yuccapalmen wurzeln. Doch nicht nur die Augen, auch die Ohren werden hier verwöhnt. Ein Lauschangriff auf den Nachbartisch lohnt sich immer, da der Hochfelder für seine gepflegten Konversationsgewohnheiten bekannt ist.

2 SA, 1 ZA, WC, 32 Sitzplätze

Gesamturteil: 3 Fritten

Peter Poms

Duisburg-Marxloh

August-Bebel-Platz 7
47169 Duisburg
Tel.: 02 03 / 40 03 14

Öffnungszeiten:
Mo. bis Fr. 10:30 – 20 Uhr
Sa. 10:30 – 14 Uhr
(langer Sa. bis 18 Uhr)
So. geschlossen

Preis für CPM: 5,20 DM

CPM im Test: würzig-frische Sauce, leckere Wurst, knusprige Fritten.

Als erfahrener CPM-Verzehrer traut man seinen Augen nicht: Die bereits geschnittenen Würste köcheln in Currysauce ahnungslos in einem großen Topf auf der Herdplatte. Diese Art der Zubereitung verdient auch einen besonderen Namen, denn nur hier wird die Currywurst „Currylette" genannt.

Getoppt wird diese Rarität aber noch von den einzigartigen Pusztetten (Gehacktesbällchen in pfiffiger Sauce), die auf ein Rezept des Gründers Johann Hildebrand zurückgehen. Sie sind bei Peter Poms der absolute Verkaufsschlager und auch für zu Hause als Konserve erhältlich.

Seit über 35 Jahren gibt es diesen stadtbekannten Snack-Shop, der inzwischen in der Hand des Schwiegersohnes liegt. Wie die Spezialitäten des Hauses ist auch die gute Seele des Hauses, Ursula Pfitzner, fast von Anfang an dabei: 1968 begann sie bereits ihren Job am Currylettentopf.

1 SA

Gesamturteil: 4 Fritten

Brückengrill

Essen-Werden

Brückstr. 1–3
45239 Essen
Tel.: 02 01 / 49 21 12

Öffnungszeiten:
Mo. bis Sa. 11 – 22 Uhr
So. 12 – 22 Uhr

Preis für CPM: 4,90 DM

CPM im Test: Standardfritten und Durchschnittswurst überfordern den Testgaumen nicht.

„Dieser Laden war früher immer rappelvoll und ist auch heute noch ein Besuch wert", erzählt ein Ruhrgebietsoriginal. Und weiter: „Als es die Brücke noch nicht gab, war das

eine Goldgrube. Jetzt haben schon mehrmals die Besitzer gewechselt. Ich glaube, zur Zeit ist da ein Grieche drin." Und richtig. Bei unserem Besuch sprechen wir mit Dimitri Milias, der jetzt mit seiner Ehefrau den Betrieb schmeißt.

Als Spezialität geben die beiden, wen wundert's, Gyros an. Ein Viadukt der Gastlichkeit!

1 ZA, Fernseher

Gesamturteil: 3 Fritten

City-Grill

Kupferdreher Str. 157
45257 Essen
Tel.: 02 01 / 48 13 54

Öffnungszeiten:
täglich 11 – 22 Uhr

Preis für CPM: 6,80 DM

CPM im Test: Der stolze Preis rechtfertigt sich durch die Tatsache, daß der Chef höchstpersönlich und mit viel Liebe zum Detail die Wurst selbst herstellt und man dies auch schmeckt. Hinzu kommen vollmundige Fritten.

Im schönen Stadtteil Kupferdreh betreibt Horst Nieding seit 34 Jahren seinen City-Grill. Der Großvater eröffnete schon zu Kaisers Zeiten 1892 (!) den dazugehörigen Metzgereibetrieb, der dann der nächsten Generation übergeben wurde. Auch Horst Nieding setzte die Familientradition fort, wurde Metzgermeister und ging zunächst als Schiffskoch auf weite Reise von der Ruhr bis hinaus auf die Weltmeere.

Zurück in Kupferdreh übernahm er schließlich den Betrieb des Vaters, 1965 kam dann der City-Grill dazu. Seitdem kümmert sich der nunmehr 63jährige um die Zubereitung und Vorfertigung aller fleischigen Gerichte, auch wenn sich die Arbeit im Laufe der Zeit stark verändert hat:

„Heute kriegen wir die Hähnchen fix und fertig vorbereitet im Karton angeliefert, früher haben wir sie noch lebendig bekommen."

Genügend Arbeit bleibt heutzutage dennoch, geöffnet wird nämlich an jedem Tag der Woche. Und während Horst Nieding in der Metzgerei wurstet, schmeißt Ehefrau Elke den Verkauf in der Bude. Gemeinsame Freizeit ist also ebenso kostbar wie selten, doch im Sommer, wenn es das Wetter zuläßt, nehmen sich die beiden dann ausnahmsweise mal ein wenig Zeit. Dann wird die 1100er Honda, die zweite große Leidenschaft der Niedings, aus der Garage geholt, und es werden ein paar Runden in der Essener Umgebung gedreht.

1 SA, 20 Sitzplätze, WC

Gesamturteil: 4 Fritten

Hafen-Grill

Hafen Str. 172
45356 Essen
Tel.: 02 01 / 35 83 36

Öffnungszeiten:
Mo. bis Fr. 11:30 – 22 Uhr
Feiertags ab 16 Uhr
So. geschlossen

Preis für CPM: 5,00 DM

CPM im Test: stürmische Sauce,
Frittenflut, aber Flaute bei der Mayo.
Ein Rettungsring für hungrige See-
bären und Landratten!

Dieser Imbißhafen ist kein Anlege-
und Ankerplatz für Unentschlossene,
denn über 130 Gerichte machen
die Entscheidung schwer. Und das
schon viele Jahre. Während der tra-
ditionelle Fußballverein Rot-Weiß
Essen im nur wenige Seemeilen
entfernten Georg-Melches-Stadion

ums nackte Überleben kämpft, hat
dieser Grill jetzt schon über 20 Jahre
allen Unwettern und Meutereien
getrotzt.

Die Kapitäne haben jedoch schon
fast so oft gewechselt wie RWE die
Liga. Zur Zeit hat ein griechischer
Smutje das Ruder fest in der Hand.
Besatzung und Passagiere sind
deshalb auch ständig heimatlicher
Folklore ausgesetzt. Seekrank ist
übrigens noch keiner geworden.
Wünschen wir dem Hafen-Grill Mast-
und Schotbruch und immer eine
Handbreit Sauce unter der Wurst.

1 ZA, 2 SA, WC, 30 Sitzplätze

Gesamturteil: 2 Fritten

Imbiß im Kirchspiel

Im Kirchspiel 18
45276 Essen
Tel.: 02 01 / 51 31 90

Öffnungszeiten:
Mo. bis Sa. 11 – 20 Uhr
So. und feiertags geschlossen

Preis für CPM: 5,60 DM

CPM im Test: Die süßliche Currysauce birgt einen guten Geschmack
in sich. Fritten und Wurst erreichen
Durchschnittswerte.

Dieser Imbiß im Herzen Steeles
öffnete 1960 seine Pforten und
gehört somit zu den älteren unseres
Testsektors. Besonders hervorzuhe-

ben ist die üppige Speisenkollektion. Spezialitäten sind der Mittagstisch mit wechselnden Eintöpfen und das Grillhähnchen. Exotisch: Auch Wildgerichte und Braten werden gereicht. Eine Rarität im Funktionswesen ist der rollende Geschirrwagen, der das benutzte Eßutensil bis zur Spülung zwischenlagert. Im Bereich High-Tech ist das funktionstüchtige Faxgerät (02 01 / 51 31 90) noch zu erwähnen.

3 SA, Musik

Gesamturteil: 3 Fritten

Motorradtreff am Haus Scheppen | *Essen-Fischlaken*

Hardenbergufer 388/389
45239 Essen

Öffnungszeiten:
täglich 7:30 – 22 Uhr
im Sommer 7 – 23 Uhr

Preis für CPM: 5,50 DM

CPM im Test: keine Sensation, dafür aber wirklich schöne Umgebung.

Vogelgezwitscher, eine leichte Brise, Sonnenstrahlen reflektieren sich in den sanften Wellen. In der Luft liegt der zarte Duft frisch bereiteter Fritten. Über allem die Musik unzähliger Harleys, Hondas und Suzukis. Dieses wahrhaft romantische Fleckchen Erde ist nicht nur bei den Essenern ein beliebter Ausflugsort. Direkt am märchenhaften Baldeney See gelegen, am alten Gutshof Scheppen, neben verträumten Bootsanlegeplätzen, zeigt sich das Ruhrgebiet hier von seiner landschaftlich schönsten

Seite. Vor über 30 Jahren wurde an dieser Stelle ein Imbißbetrieb mit Trinkhalle eröffnet, der das Herz des poetisch veranlagten Pommesfans höher schlagen läßt. Seit neun Jahren gehört der Betrieb Nicola und Rainer Adrian, und weil schon zu jener Zeit dieser Ort ein beliebter Motorradtreff war, wurde der Name der Bude dementsprechend angepaßt. Die Adrians bieten hier alles an, was ein Imbiß und eine Trinkhalle im Standardsortiment führen muß, aber wie gesagt, der Hauptgrund, hier hinzukommen, ist dann häufig doch ein anderer: der Motorradtreff, eine Wanderpause oder auch nur eine kleine Plauderei, denn dieser Platz ist auch bunter Treffpunkt verschiedenster Typen aus der Umgebung, die hier Wichtiges und Belangloses austauschen. Im Sommer ist es natürlich rappelvoll. Und da einige hundert Motorräder auch ganz schön Lärm machen können, hat es hier in der Vergangenheit auch

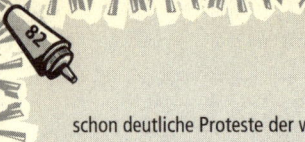

schon deutliche Proteste der wenigen Anwohner in dieser Gegend gegeben. Doch die Lobby der Zweiradfans ist an diesem Ort inzwischen enorm, und sie gehören dazu wie der alte Gutshof und der Blick auf den Stausee.

Nur etwa 20 Meter von Ehepaar Adrian entfernt kam im Laufe der Jahre eine zweite Bude hinzu, die inzwischen Ilias Nikolan gehört.

Im Sommer bietet er einen besonderen Service und serviert allen Frühaufstehern schon ab 7 Uhr Frühstück.

1 ZA, WC, über 60 Sitzplätze

Gesamturteil: 4 Fritten

Pommes Peter

Essen-Altendorf

Altendorfer Str. 332
45143 Essen
Tel.: 02 01 / 64 31 92

Öffnungszeiten:
Mo. bis Sa. 11 – 22 Uhr
So. / feiertags 13 – 20 Uhr

Preis für CPM: 5,40 DM

CPM im Test: Schmeckt gut, tut gut.

„Wir achten auf Perfektion." Nach diesem Motto verfährt Peter Senneberg nun schon seit 17 Jahren. Da hat er direkt neben der Tankstelle seine „heisse Kiste" aufgestellt, die es auch heute noch gibt. Nur einige hundert Meter weiter kam vor einigen Jahren dann Pommes Peter hinzu, etwas großzügiger, aufwendiger und schmucker. Die Frau des Chefs hat die Gestaltung des Innenlebens persönlich in die Hände genommen und mit viel Liebe zum

Detail (z.B. Gardinen an der Durchreiche, geblümtes Geschirr, Platzdeckchen, rote Holztulpen) eine kleine Puppenstube entstehen lassen. Obendrein kann man aber auch gut essen, denn, so der Inhaber: „Nur wenn man gut ist, kann man vorne sein." Vorne, in der ersten Reihe, war Peter Senneberg vor einiger Zeit, als sein Betrieb in einem ZDF-Bericht lobend hervorgehoben wurde. Das Angebot ist groß, Spezialitäten sind Schaschliks, der Doppelhamburger Spezial und die zehn verschiedenen Schnitzel. Wer nachts an der „heissen Kiste" vorbeikommt, sollte einen Moment dort verweilen und sich die ausgeklügelte und faszinierende Außenbeleuchtung anschauen.

Gesamturteil: 3 Fritten

Schon wieder ausverkauft: Die „heisse Kiste" in Essen.

Thiemer's – Essen wie bei Muttern

Essen-Stadtkern

Limbecker Platz 2
45127 Essen
Tel.: 02 01 / 2 04 85

Öffnungszeiten:
Mo. bis Fr. 10 – 20 Uhr
Sa. 10 – 16 Uhr
So. geschlossen

Preis für CPM: 5,60 DM

CPM im Test: Irgendwie schien die Wurst nicht richtig durch zu sein, aber vielleicht lag es auch daran, daß der Grill gerade erst geöffnet hatte. Oder vielleicht doch daran, daß es erst 10 Uhr morgens war und man um diese Uhrzeit eigentlich etwas anderes essen sollte?! Die Pommes allerdings schon in der Morgenstund appetitlich.

Warum kommen denn die Leute zu Ihnen, Herr Thiemer? „Weil's lecker ist, es schmeckt, und weil alles sehr sauber ist." Aber sicherlich auch wegen der Top-Lage in Essens Innenstadt (gegenüber Karstadt). Vor 30 Jahren stand Armin Thiemer schon mit einem mobilen Wagen an gleicher Stelle und gab den Essenern, wonach sie verlangten. Vor zehn Jahren wurde dann am gleichen Ort gebaut, und seitdem hat man ein wind- und wetterfestes Zuhause. Neben den Standards bietet der Imbiß einen täglichen Mittagstisch mit diversen Eintöpfen sowie verschiedene Nudelgerichte.

Besonders innovativ war der Chef in den 70er Jahren. Da sich einige Anwohner durch den ausströmenden Imbißgeruch gestört fühlten, tüftelte er höchstpersönlich an einem Gerät, das hinterher den Namen „fahrbare Geruchvernichtungsanlage" erhielt. Optisch einem Container ähnlich, filterte das Gerät die entstehenden Brat- und Frittiergerüche und entließ sie gereinigt und geruchfrei in die Umwelt. Sauber!

Gesamturteil: 3 Fritten

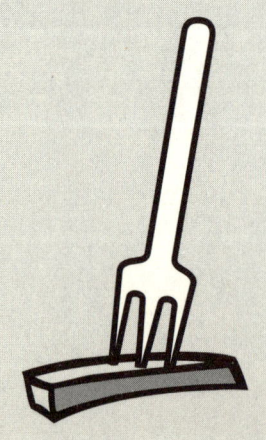

Jansen's Schnellimbiß

Gelsenkirchen-Buer-Mitte

Empfängt jeden Kunden im Spalier: das ausgelassene Frittenteam von "Jansen's Schnellimbiß" in Gelsenkirchen-Buer.

Goldbergplatz 1
45894 Gelsenkirchen
Tel.: 02 09 / 3 26 94

Öffnungszeiten:
Mo. bis Sa. 9 – 23 Uhr
So. 11 – 23 Uhr

Preis für CPM: 5,80 DM

CPM im Test: Radio Emscher Lippe bewertete die Currywurst als „beste des gesamten Ruhrgebiets". Wir sagen: guter Durchschnitt (12 Stükke)! An Pommes wird nicht gespart.

Bei diesem Betrieb handelt es sich wahrscheinlich um die älteste Frittenbude des Ruhrgebiets. Hans Jansen hatte bereits Ende der 20er Jahre seinen mobilen Imbißstand in Gelsenkirchen. Dort gab es Reibekuchen und Frikadellen. Die im Krieg aufgegebene Bude wurde dann im Juni 1948 wiedereröffnet. Schnell wurde die Produktpalette um Brüh- und Bratwurst erweitert, in den 50er Jahren gesellte sich die Currywurst dazu. 1960 zog man dann in die heutigen Räumlichkeiten am Goldbergplatz. Gleichzeitig begann die Blütezeit vieler Imbißbetriebe, die mit steigendem Wohlstand der Bevölkerung und noch fehlender Konkurrenz ihre Umsatzrekorde erzielten. Das ging bis

etwa Mitte der 70er Jahre. Inzwischen hatte Sohn Karl-Heinz den Vater abgelöst: „Zu der Zeit haben uns die Leute die Bude regelrecht eingerannt. Die standen oft bis draußen, und beim Schichtwechsel, der eigentlich schnell über die Bühne ging, hat sich sofort eine riesige Schlange gebildet." 1990 zog sich auch Karl-Heinz Jansen aus dem Betrieb zurück und verkaufte das Geschäft.

Neben dem Besitzer wechselte auch das Outfit der Lokalität, das in kräftiges Orange getaucht wurde. Das Angebot mußte sich ebenfalls anpassen. Während viele Jahre hindurch die Wurst und sogar die Fritten aus eigener Herstellung stammten, wurden diese Produkte später nur noch hinzugekauft. Treu geblieben ist man aber der Liebe zum FC Schalke 04.

Eine Fahne weht sichtbar am Eingang, viele Fans treffen sich hier vor dem Heimspiel, und die blau-weiß gestreiften Kittel des Personals sind sicher auch kein Zufall. 1997, nach dem Sieg im UEFA-Cup, schloß man sogar erst um 4:40 Uhr morgens den Laden, denn Buer war in dieser Nacht ganz in königsblauer Hand.

Zu erwähnen ist noch Marianne Dennstädt, die seit nunmehr 35 Jahren bei Jansen's Schnellimbiß brät und frittiert.

2 SA

Gesamturteil: 3 Fritten

Park-Grill

Pannhütte 80 a
45891 Gelsenkirchen
Tel.: 02 09 / 7 36 14

Öffnungszeiten:
täglich 12 – 22 Uhr

Preis für CPM: 4,90 DM

CPM im Test: Currywurst (Naturdarm!) und Fritten sind in den UEFA-Cup-Rängen.

Der Park-Grill ist Sättigungsstation vieler Schalker Spieler nach den Trainingseinheiten. Der Geschäftsstellenleiter und ehemalige Nationalspieler Willi Koslowski („Der Schwatte") ist hier jedesmal für die Sammelbestellung zuständig. Huub Stevens favorisiert die Bratwurst (hat überdurchschnittliches Gewicht), während Rudi Assauer gerne scharfen Schaschlik oder Currywurst zu sich nimmt.

Seit 33 Jahren existiert dieser stadtbekannte Gastronomiebetrieb, seit 20 Jahren liegt sein Schicksal in Händen von Schalke-Fan Dieter Börsting. In dieser Zeit hat er nichts unversucht gelassen, um den Imbiß attraktiver zu gestalten. In Anspielung auf das sicherlich saubere Frittierfett wurde einst für denjenigen ein Gratisessen ausgelobt, der nicht bis auf den Boden der Friteuse gucken konnte. Da aber unverbesserliche Pedanten dieses Angebot zu genau nahmen, wurde die Offerte aus dem Programm gestrichen. Eine Aktion, die dagegen bis heute äußerst erfolgreich läuft, ist der Uhrenautomat. Für schlappe 500 Lire sind bei diesem Geschicklichkeitsspiel wertvolle und zeitlose Designeruhren zu gewinnen.

Ebenfalls nicht wegzudenken ist das alte Radiogerät (wahrscheinlich ein direkter Nachfahre des Volksempfängers). All diese Maßnahmen haben dazu geführt, daß der Park-Grill einen hohen Anteil von Stammkunden besitzt. So gibt es zum Beispiel Kundschaft aus Hannover, die auf ihrem Weg zum Camping in Holland regelmäßig 3 Liter Sauce für die Grillabende mitnimmt.

1 SA

Gesamturteil: 3 Fritten

Vitus Grill

Gelsenkirchen-Resse

Ewaldstr. 10
45892 Gelsenkirchen
Tel. 02 09 / 78 41 86

Öffnungszeiten:
Mo. bis Sa. 10 – 22 Uhr
So. geschlossen

Preis für CPM: 5,10 DM

CPM im Test: immense Portionen
(Pommes), leckere Wurst. Eigentlicher
Tip sind hier aber die Krustis.

Praktiziertes Biobewußtsein auch im
Reich der Currywürste: „Unser Rind-
und Schweinefleisch stammt von
Bauernhöfen aus Resse und Umgebung. In den Ställen gibt es noch
Stroh als biologische Unterlage, denn
Tierherkunft und Haltung sind uns
genauso wichtig wie Ihnen" heißt es
in der Firmenbroschüre. Verarbeitet
wird das Fleisch in der nahegelegenen Metzgerei, wo auch über 90%
der Gerichte des Imbißbetriebes
selbst hergestellt und gewürzt werden.

Gegründet hat den Betrieb Vitus
Fichtner, der ihn später an Tochter
Christina und Schwiegersohn Hans
Kipfstuhl weitergab. Die beiden
haben das Sortiment weiter aus-
gebaut (z.B. Königsberger Klopse,
Schweinebraten mit Broccoli und
Kroketten, Erdinger Hefeweizen) und
auch beim Service weitergedacht

(z.B. abgeschlossener Restaurantteil
mit Bedienung, WDR-4-Untermalung,
Schweinereiten für die Kiddys).
Zudem gehört der Partyservice
inzwischen zum Aushängeschild.

Eine Besonderheit sind die
vakuumverpackten Pommes zum
Mitnehmen.

Interessant ist der Ort aber auch
wegen seiner Optik. Der Raum, in
den 70er Jahren errichtet, glänzt
durch ein ausgeklügeltes Nebenein-
ander von Orange- und Brauntönen.
Dazwischen vermitteln zahlreiche
Spiegel den Eindruck von Unend-
lichkeit.

1 SA, 1 ZA, WC,
40 Sitzplätze, Musik

Gesamturteil: 4 Fritten

Pusztastube

Gladbeck-Mitte

Bottroper Str. 103
45964 Gladbeck
Tel.: 0 20 43 / 2 83 98

Öffnungszeiten:
Mo. bis Sa. 11 – 23 Uhr
So. und feiertags 12 – 23 Uhr

Preis für CPM: 5,70 DM

CPM im Test: Currysauce äußerst
tomatig und fruchtig. Auch optisch
(kräftiges rot) beeindruckend.
Die Fritten verfügen über ein feines
Aroma.

Mit der gleichnamigen kahlen und
einseitigen Landschaft in Ungarn
hat dieser Grill nicht viel gemeinsam.
Die Pusztastube bietet eine Ange-
botspalette, die kaum zu überbieten
ist. Neben den überall erhältlichen
Gerichten kann der Gast hier auch
Außergewöhnliches erwerben, wie

z.B. Graupenwurst mit Sauerkraut
und Püree, Königsberger Klopse, Wir-
sing mit Hackfleisch, Schweinelum-
merbraten, Bratheringe, Kasseler-
Geschnetzeltes und als Nachspeise
Apfelpfannekuchen oder Grießpud-
ding mit Früchten. Erwähnung finden
sollte auch der Schaschlik-Spieß, nach
eigenen Angaben „handgesteckt".
Lecker! Im Innern finden Kunde und
Kundin auch nach längerem Hinsehen
immer neue Raffinessen, die das
Auge erfreuen. Hervorzuheben sind
hier der kleine Automat mit dragier-
ten Erdnußkernen und die Waldmei-
stergetränkmaschine.

2 SA, 1 ZA, Musik, WC

Gesamturteil: 3 Fritten

Zum halben Hahn

Gladbeck

Horster Str. 406
45968 Gladbeck
Tel.: 0 20 43 / 3 34 77

Öffnungszeiten:
Mo. bis Fr. 10 – 23 Uhr
Sa. / So. 10 –24 Uhr

Preis für CPM: 5,00 DM

CPM im Test: Currywurst sehr dünn
geschnitten (Maschine, ca. 30
Stücke), sehr tomatige Sauce. Auf
Wunsch wird ordentlich nachge-
würzt. Pommes lecker mit Mega-
Portion Mayo.

Im Vierstädteeck zwischen
Bottrop, Essen,

Die kultigsten Buden im Test
Gelsenkirchen
Gladbeck

Gelsenkirchen und Gladbeck steht das ultimative Schlaraffenland für halbe Hühner. Weil der Geflügelpalast zudem noch an einer der befahrensten Straßen Gladbecks liegt, erfreuen sich die Betreiber über ein großes Einzugsgebiet. Seit mehr als 30 Jahren gibt es den „halben Hahn" und der Name verpflichtet. Hähnchen, Hähnchenleber und Schnitzel gehören zu den Delikatessen in der ca. 40 qm großen Stube. Insider behaupten, die Gockel seien hier dermaßen frisch, daß sie beim Verzehr fast vom Teller springen. Und als wenn das noch nicht genug wäre, fließt durch den nahegelegenen Südpark auch noch der Hahnenbach.

Zum guten Schluß: Man munkelt, daß in der Küche sogar schon mal ein Wasserhahn gesichtet wurde.

1 SA

Gesamturteil: 3 Fritten

Futterkrippe

Haltern

Weselerstraße 94
45721 Haltern
Tel. 0 23 64 / 36 66

Öffnungszeiten:
täglich 11.00 – 22.00 Uhr

Preis für CPM: 5,10 DM

PCM im Test: Pommes, Mayo ok., die Currywurst ist eher unscharf ausgerichtet. Allgemein gilt hier:
$P = M C^2$

Der Halteraner an sich legt zwar gesteigerten Wert darauf, nicht mit dem Ruhrgebiet in Verbindung gebracht zu werden, was uns allerdings relativ egal ist. Dieser Ort ist nämlich Anziehungspunkt vieler Ruhrpott-Biker. Außerdem kann sich Haltern alleine schon aus historischer Sichtweise (siehe Kapitel „Die Geschichte der Fritte") dem Frittenführer nicht entziehen.

Die Futterkrippe liegt strategisch günstig, wenn man auf dem Weg von Haltern nach Wesel Kohldampf schiebt: Direkt an der B 58. Entgegen der Suggestion des Namens erinnern in der standesüblichen Einrichtung nur die Strohgestecke an den Deckenbalken an eine Geburtsstätte bei Nazareth. Neben diversen Spezialitäten wie etwa der Futterkrippen-Spezialwurst gibt es für unsere Kleinen: Chicken Crossies und Kinderpommes.

Unglücklicherweise erweist sich der niedrige Holzverzug vor der Theke als Hindernis für den großgewachsenen Frittenesser, da der freie Blick auf die Anzeigentafel nicht gewährleistet ist. Hier rät der international erfahrene Frittentester: „Vorbeugen hilft!"

2 SA, 1 ZA, 20 Sitzplätze, WC

Gesamturteil: 2 Fritten

Pommes-Kurve

Hattingen-Blankenstein

Wittener Str. 30
45527 Hattingen

Öffnungszeiten:
Mo. bis Fr. 9 – 21 Uhr
Sa. 11 – 21 Uhr
So. geschlossen

Preis CPM: 4,50 DM

CPM im Test: gute Portion Pommes, milde Soße mit viel Paprika und Zwiebeln, supergünstiger Preis.

Die Ruhr-Auen, der Kemnader See, Naturschutzgebiet, eine Museumsbahn, das Ruhrgebiet von seiner grün-romantischen Seite. Kurz vor dem Ortseingangschild zum Hattinger Stadtteil Blankenstein liegt ein beliebtes Ausflugslokal mit angebauter Frittenschmiede. Ein Name steht nicht dran, doch aufgrund dieser extremen Kurvenlage wird dieses Kleinod im gesamten Ennepe-Ruhr-Kreis einfach „Pommes-Kurve" genannt. Das Angebot ist dermaßen überschaubar, daß man es fast schon spartanisch nennen möchte. Die dargereichten Mahlzeiten sind

jedoch alles andere als sparsam. Geradezu sensationell muten die Preise an – für kleines Geld kann man hier schon satt werden. Platz ist in diesem Pommescontainer zwar nicht, doch das stört die Hattinger weniger, denn auf dem riesigen Parkplatz verzehrt man seine heiße Ware eben im Auto. Lohnenswert und informativ ist der Blick auf die Pinnwände rechts und links von der Theke. Von Matratzenhygiene, bunten Socken über Gardinenfachmärkten bis hin zu selbstgezüchteten Klapperschlangen (!) reicht das Angebot. Die Spezialität ist die „Frikadelle in Ei". Wer jetzt überlegt, wie dieses kulinarische Highlight technisch herzustellen ist, dem sei gesagt, daß es sich in Wahrheit um ein Ei in der Frikadelle handelt.

Alles klar?

Gesamturteil: 3 Ausflugs-Fritten

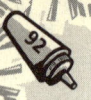

Imbiß Speckmann

Herne-Mitte

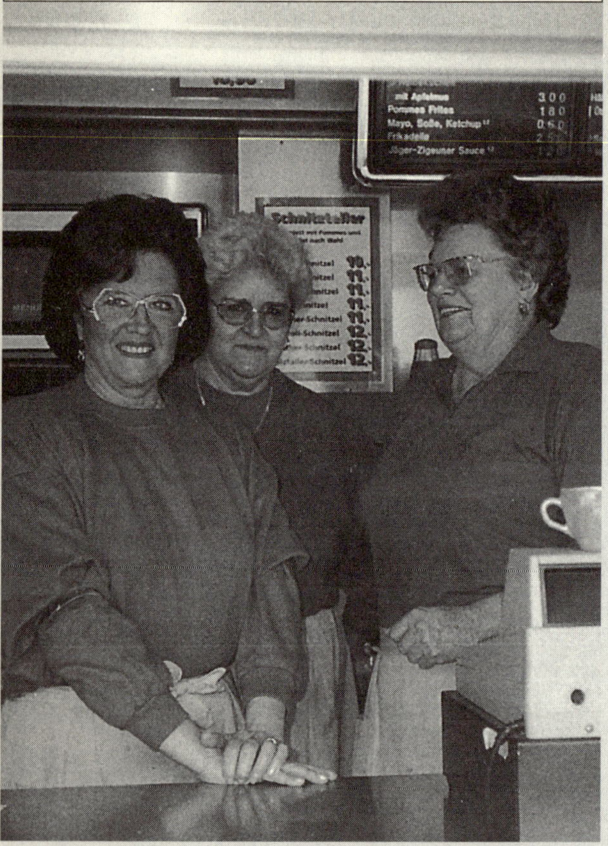

Seit dreißig Jahren ein Team: Erika, Edelgard und Ilse vom „Imbiß Speckmann" in Herne.

Adresse: Sodinger Str. 14
(gegenüber der Feuerwehrwache)
44623 Herne

Öffnungszeiten:
Mo. – Sa. 11:00 – 22 Uhr
So. 12 – 22 Uhr

Preis für CPM: 5,70 DM

CPM im Test: Waren das wirklich Gurkenstücke, die wir da in der Currysauce gefunden haben? Exotisch, aber gut! Fritten im vorderen Testdrittel.

„... nicht einer von vielen, sondern von vielen der eine." So steht es auf der eigenen Speisekarte dieses Traditionsbetriebes. Seit 34 Jahren in Familienbesitz, gehört dieser Imbiß in der Tat zu den Wahrzeichen Hernes. Alle Saucen und sämtliche Fleischgerichte werden hier vom Fleischermeister von Hand gefertigt. „Während viele Buden nur Fertigprodukte anbieten, produzieren wir sogar alle Gewürzmischungen selbst", sagt Andrea Fichna, die mit ihrem Mann Wolfgang den Kultimbiß in zweiter Generation führt. Ihre Eltern haben anfangs noch den Backfisch für

6 Groschen verkauft. Heute ist diese Delikatesse (5 DM) immer noch ein Renner. Auch über die Stadtgrenzen hinaus ist der Name Speckmann ein Begriff. In einer WDR-2-Radiosendung vor vier Jahren verlangte Thüringens Ernährungsminister den gesetzlichen Schutz der Thüringer Rostbratwurst, worauf ihm Moderator Horst Kleuser zur Antwort gab: „Dann müßte Imbiß Speckmann in Herne schon seit 30 Jahren geschützt sein."

Schlechte Nachrichten gibt es nur für Nostalgiker, denn hier entsteht einer der modernsten Imbißtempel Europas mit Wintergarten und futuristischem Design.

Gesamturteil: 4 Fritten

Nikolaus-Grill
Herne-Wanne

Hauptstraße 316
44649 Herne
Tel. 0 23 25 / 7 77 10

Öffnungszeiten:
täglich 11.00 – 23.00 Uhr

Preis für PCM: 5,30 DM

CPM im Test: Wurst und Pommes genügen dem anspruchsvollen

Gaumen, die Currysauce ist etwas zähflüssig. Mayo gibt es reichlich.

Der Nikolaus-Grill existiert schon seit 25 Jahren und ist mit Sicherheit einer der größten Imbißbetriebe im Revier, wenngleich man so etwas in Wanne-Eickel gar nicht vermuten würde. Die etwa 60 Sitzplätze und die extra Bar für Getränke

Können diese Worte lügen? „Nikolaus-Grill" in Wanne-Eickel.

aller Art bieten ein gewisses gepflegtes Restaurantambiente. Eine eigens für die Theke, an der ein zünftiges Sieben-Minuten-Pils gezapft wird, eingestellte Bedienung ist für das für Laien undurchschaubare Bestecksortierungsverfahren verantwortlich.

Leichte griechische Rhythmen und riesige Ölgemälde (wurde hier etwa mit Frittieröl gepanscht?) vermitteln die Sehnsucht der Einheimischen nach einsamen und pittoresken Küstenlandschaften, wohingegen einem das Schalke-Poster an der anderen Wand klarmacht, wieso man doch lieber im Ruhrpott lebt. Zu besonderen Anlässen wird hier schon einmal ein Spanferkelessen vom Grill veranstaltet.

Die enorme Größe, das reichhaltige Angebot und nicht zuletzt das Bier vom Faß sind ein gefundenes Fressen für den Frittenführer. Das Motto auf der Leuchtreklame im Fenster:

„Gutes Essen – langes Leben, das ist Nikolaus Bestreben!"

Gesamturteil: 3 Fritten
(plus 1 Extra-Fritte für das Faß-Bier)

Nini's Futterkrippe

Bickernstr. 47
44649 Herne
Tel.: 0 23 25 / 5 05 85

Öffnungszeiten:
werktags und So. 16:15 – 22 Uhr
Sa. ab 12 Uhr
Mo. Ruhetag

Preis für CPM: 4,90 DM

CPM im Test: dünne und knusprige
Pommes, rassiges Currygewürz.

Nini heißt mit bürgerlichen Namen
Brunhilde Neuhaus, und ihre Futterkrippe steht in Herne-Wanne. Seit
1975 gehört ihr diese Frittenschmiede an der Grenze zu Gelsenkirchen,
und sie schmeißt den Laden gemeinsam mit Ehemann Uwe.

Weil die beiden schon so lange hier
sind, es gut schmeckt und weil beide
auch voll auf Scheibe sind, kommen
die Gäste gerne wieder. „Wir haben
95 % Stammkunden", schätzt Uwe
Neuhaus. An der Wand hängt eine
Tafel mit zahlreichen Postkarten:
„Die sind alle von Kunden." Auf dem
Zigarettenautomat hat ein Gast alte
Bücher ausgelegt, die literarisch
Interessierte einstecken können.

Nur die Nichtkunden scheinen in
dieser Gegend wenig nachbarschaft-
liches Denken zu pflegen. Schon
mehrmals ist man mitten in der

Nacht in Nini's Futterkrippe einge-
stiegen, nur um den Geldspielautomaten zu knacken. Jetzt öffnet
Uwe Neuhaus immer von außen
sichtbar das Gerät und zeigt damit
fehlende Beute an.

Durchblick hat der Mann, der
Woody Allen sehr ähnlich sieht, vor
allem in Sachen Fett. „Für die Friteuse nehmen wir nur ungehärtetes
Pflanzenfett. Öl kann man nicht
so hoch erhitzen, gehärtetes Pflanzenfett gibt Sodbrennen." Traditions-
bewußt ist der Hausherr bei einer
anderen Sache: Die Wurst wird
aus Überzeugung klassisch mit der
Schere geschnitten. „Mit der Maschine kommt entweder Gehacktes
raus oder so dicke Pöhler." Einem
so fachmännischen und prägnanten
Urteil können wir uns nur anschlie-
ßen. Weiter so!

1 SA, 1 ZA, WC,
25 Sitzplätze, Fernseher

Gesamturteil: 4 Fritten

Distel-Grill

Kaiserstraße 223
41566 Herten

Öffnungszeiten:
Mo. bis Sa. 11 – 22 Uhr
So. 16 – 22 Uhr

Preis für CPM: 5,10 DM

CPM im Test: Spitze Fritten, knackige
Wurst, cremige Mayo

Der Distel-Grill ist der Klassiker
Hertens, obwohl er rein optisch gar
nicht viel zu bieten hat. Der Familien-
betrieb existiert seit 1983 und geht
jetzt in die 2. Generation über. Ob
die Currywürste, die Fritten, die Hot
Dogs u.ä. dort besser schmecken als
woanders? Bis zu 20 Leute, die sich
trotz widrigster Witterungsbedingun-
gen vor den Container mit Wetter-
schutz drängen, sprechen eine deutliche Sprache. Der große Pluspunkt
des Distel-Grills ist sicherlich auch
der Charme, den das ausschließlich
weibliche Personal gratis zu den
Fritten serviert. Zudem ist das Frau-
enteam gut eingespielt und schafft
auch großen Andrang souverän. Die
Auswahl der Speisen ist ansprechend
(es gibt auch Pferdeklöpse). Das
Preis-Leistungs-Verhältnis ist o.k., fast
alle Speisen sind selbst zubereitet.

Sehr gute Parkmöglichkeiten!

Gesamturteil: 3 Fritten

Flammen-Grill

Scherlebecker Str. 239
45701 Herten
Tel.: 0 23 66 / 45 18

Öffnungszeiten:
werktags 11 – 22:30 Uhr
So. und feiertags 16 – 22:30 Uhr

Preis für CPM: 5,85 DM

CPM im Test: Currysauce richtig
scharf, Pommes etwas mehlig, Mayo
gediegen. Spezialität ist das Hähnchen.

Als erstes fällt uns der mächtige,
gasbefeuerte und kettengetriebene
Hähnchengrill auf, ein wahres Mon-
strum, auf dem die noch ganzen,
goldgelb glänzenden Gockel verlockend ihre Runden drehen. Wir
hatten schon fast vergessen, welch
ein köstlicher Geruch von einem
gegrillten Hähnchen ausgehen kann.

Einfach lecker! Danach fällt unser Blick auf ein Rotlicht über der Friteuse. „Damit werden nur die Pommes warm gehalten. Andere Vermutungen sind gegenstandslos", erklärt uns eine Mitarbeiterin. Die Inneneinrichtung wirkt etwas hölzern. Die großen Panoramafenster vermitteln ein unverfälschtes Bild der Umgebung. Hier ist die Welt noch in Ordnung.

2 SA, 1 ZA, 25 Sitzplätze, WC, Musik, Kindersitz

Gesamturteil: 3 Fritten

Paradies Grill

Herten-Disteln

Kaiserstraße 138
45699 Herten
Tel.: 0 23 66 / 3 83 47

Öffnungszeiten:
Mo. bis Sa. 11:30 – 22 Uhr
So. 12 – 22 Uhr

Preis für CPM: 5,40 DM

CPM im Test: Die stadtbekannte Currysauce ist eine Gaumenfreude. Eine Auszeichnung verdienen auch die Fritten.

Fährt man die Kaiserstraße Richtung Innenstadt, liegt auf der linken Seite vor dem Getränkemarkt ein Paradies für Imbiß-Liebhaber. Insbesondere Schaschlikschlucker kommen hier auf ihre Kosten.

Die beiden netten Damen, die an diesem Tag im Schatten der Zechenbahnbrücke die Fritten servieren, haben allen Grund zur Freude, denn nach langen Zeiten der öden Aussicht (auf eine Plakatwand!) soll der Container bald endlich zur Straßenseite hin gedreht werden. Gerade so, daß das Serviceteam auch dem bunten Treiben auf Hertens Hauptverkehrsader folgen kann. Sie haben es sich wirklich verdient, denn Freundlichkeit wird hier groß geschrieben. Insgesamt sind wir von diesem Ort sehr ergriffen: Hier ist alles so schlicht, bescheiden und naturbelassen – so stellt man sich das Paradies vor!

1 ZA

Gesamturteil: 3 Fritten

Grillhütte und Grillhütte II

Marl-Brassert

Schachtstraße 64
und Brassertstraße 78
45768 Marl
Tel.: 0 23 65 / 6 21 49

Öffnungszeiten:
I. Mo. bis So. 11.00 – 23.00 Uhr
II. Mo. bis Do. 11.30 – 0.30 Uhr
Fr. u. Sa. 11.30 – 1.00 Uhr
Sonntag 15.30 – 0.30 Uhr

Preis für PCM: 5,30 DM

CPM im Test: Das Zusammenspiel
von Currysauce und reichhaltiger
Mayo auf Wurst und schlanken
Fritten ergibt einen vorzüglichen
Geschmack. Nachwürzen ist eine
Selbstverständlichkeit.

Der „kleine" Hüttengrill an der Brassertstraße (6 qm) ist wohl der älteste
Imbiß in Marl (seit ca. 30 Jahren) und
seit 1983 in Besitz der Herren Angres
und Bleistein, die zwei Jahre später
auch den „großen" Hüttengrill (60
qm) an der Schachtstraße übernah-
men, welcher in früheren Zeiten ein
Friseur-, Angel- und Lebensmittelladen
war. Die beiden Inhaber sind mit viel
Engagement und strikter Arbeitstei-
lung bei der Sache: Wenn der eine arbeitet, ist der andere mit dem Wohn-
mobil bzw. Segelschiff unterwegs.

Ungewöhnlich, aber erhebend ist der
Aufstieg zu den sechs Stufen höher
gelegenen Toiletten.

Daß hier damals schon Otto Waalkes
extra aus Ostfriesland zum Glühwein
mit einer geheimnisvollen Unbe-
kannten anreiste, ist für den sympa-
thischen Inhaber nur eine Geschichte
am Rande.

Viel erwähnenswerter scheint das
rührende Schicksal einer treuen
Angestellten, die nach anfänglicher
finanzieller Unterstützung durch die
Chefs über Nacht einen Sechser im
Lotto landete und trotz des riesigen
Gewinns auch heute noch in der
Küche mithilft.

Drei Einbrüche in zwölf Jahren und
eine brennende Friteuse zeugen von
der bewegten Geschichte des „großen" Hüttengrills. Als kulinarische
Besonderheit gelten die begehrten
selbstgemachten Frikadellen. Der
Partyservice des Hauses hat etliche
Menüs parat und berücksichtigt auch
individuelle Wünsche der Kunden.
In der Kleinen Grillhütte werden
die Würste übrigens noch auf Gas
gebraten und finden auch deshalb
einen reißenden Absatz.

1 SA, 1 Flipper,
Parkplätze vor der „Hütte"

Gesamturteil: 3 Fritten

Rustika Grill

Carl-Duisberg-Str. 115
45772 Marl
Tel.: 0 23 65 / 2 19 25

Öffnungszeiten:
Mo. bis Sa. 11 – 23 Uhr
So. 12 – 23 Uhr

Preis für CPM: 5,30 DM

CPM im Test: rustikal, so wie die Inneneinrichtung.

Monika Maurer gehörte schon so mancher Imbißbetrieb im Norden des Ruhrgebiets, „aber keiner", sagt sie überzeugt, „war so gut wie dieser hier". Soll heißen, hier brummt's. Es gibt wenig Konkurrenz in der Gegend, Parkplätze sind direkt vor der Tür, die Hülswerke sowie einige Schulen sind gleich um die Ecke. Die Inhaberin selbst schätzt die Art ihrer Stammkundschaft, die überwiegend aus Arbeitern und Kumpeln besteht. „Ich hatte früher auch viele Akademiker und Geschäftsleute bei mir, aber die jetzige Kundschaft ist direkter und unkomplizierter."

In dem ehemaligen Zechenhaus werden neben Standards auch Pferdeklöpse verkauft. Diese sind in Marl anscheinend sehr beliebt, denn kaum eine Bude der Stadt verzichtet auf eine derartige Köstlichkeit.

2 SA, 1 ZA, Musik,
20 Sitzplätze,
Kaugummi- und Kondomautomat

Gesamturteil: 2 Fritten

Erika's Braterei

Aktienstr. 30
45473 Mülheim a.d.R.
Tel.: 02 08 / 47 23 72

Öffnungszeiten:
täglich 17 – 22 Uhr

Preis für CPM: 5,60 DM

CPM im Test: der größte Frittenberg auf diesem Planeten. Da zudem auch Currywurst und Mayo zu empfehlen sind, müssen hier Höchstnoten verteilt werden.

Mit Attributen wie „Frittenberg", „Riesenportion" und „Megahaufen" wird in der Szene nur allzu leichtfertig umgegangen. Hier gibt es aber kein Vertun: Alles andere als diese Beschreibungen würden diesem Ereignis nicht gerecht werden. Über 29 Jahre ist Erika Langer nun schon Chefin dieses bekanntesten Mülheimer Imbißbetriebes. Für eineinhalb Jahre mußte sie auf die gegenüberliegende Straßenseite in ein Provisorium umziehen, da der Hauptbetrieb endlich mal renoviert werden mußte. Seit April 1998 ist man nun zurück in der schmucken Stube, die jetzt durch Fachwerkoptik besticht. Eine echte Neuheit sind die Pissoirs des renovierten Sanitärtrakts. Da kann man beim Wasserlassen seine Geschicklichkeit unter Beweis stellen. Dieses Kunststück haben wir allerdings nicht geschafft. Beim Angebot sind die niederländischen Einflüsse

hervorzuheben. So gibt es neben der Pommes spezial auch die berüchtigte Frikandel. Zum sehr guten Gesamteindruck tragen vor allem auch die netten Damen hinter der Theke bei. Das Team ist stets freundlich und hat für den Gast immer ein Lächeln übrig. Seit dem Umbau tritt das Team durch einheitliche rot-gelbe Arbeitskleidung auch äußerlich geschlossen auf. Ein Besuch bei Erika gehört zum Pflichtprogramm eines jeden Frittenfans.

2 SA, 1 ZA, WC, 30 Sitzplätze

Gesamturteil: 5 Fritten

Knabberstübchen

Aktienstr. 150
45473 Mülheim a.d.R.
Tel.: 02 08 / 44 51 95

Öffnungszeiten:
Mo. bis Sa. 11:30 bis 22 Uhr
So. 12:30 bis 22 Uhr

Preis für CPM. 5,30 DM

CPM im Test: gute Wurst, Fritten sind
echt o.k., schnelle Zubereitung.

Eigentlich ist Heißen ein eher unspek-
takulärer Stadtteil Mülheims, und die
Aktienstraße hebt sich dabei auch
nicht sonderlich hervor. Doch der vom
Hunger angetriebene Frittenfan findet
hier gleich zwei Läden der besonderen Art (siehe auch Erika's).

Knabberstübchen-Chef Ulrich Worm-
land, von der Stammkundschaft nur
„Uli" gerufen, ist gelernter Metzgermeister, und daß der Mann wirklich
etwas vom Fleisch versteht, kann man
ihm wohl bescheinigen. Am Tage
unseres Besuches hatte er leider nicht
viel Zeit, sich neben seiner Kundschaft
auch noch um uns zu kümmern, denn
sein halbes Team war krankheits-
bedingt ausgefallen. Da war es schon
beeindruckend, mit welcher Ge-
schwindigkeit und Sorgfalt er sich um
die Bestellung der ebenso hungrigen
wie eiligen Gäste gekümmert hat.
Allein hieran merkt man, daß man
es mit einem echten Profi zu tun hat.

Nur so ist es möglich, daß das Knabberstübchen sich seit über 15 Jahren
gegen die Konkurrenz behauptet.

Der eigentliche „Speisesaal" (rusti-
kal-gemütliches Ambiente) ist vom
Thekenbereich abgetrennt und somit
erfreulich ruhig. Die Auswahl an
frischen Salaten ist enorm, und viele
der Grillteller und -platten liegen im
Rohzustand zur Veranschaulichung
in der Salatbar aus. Läßt man sich
von der Größe der Fleischlappen und
Spieße nicht einschüchtern, kann man
sich hier zu einem anständigen Preis
den Bauch vollschlagen.

Als besondere Serviceleistung sind das
Imbiß-Taxi und der „Familientag" zu
erwähnen. Haben die Heißener abends
mal keine Lust, sich vor die Haustür
zu begeben, um sich mit Pommes u.ä.
zu versorgen, wird frei Haus ab einem
Bestellwert von DM 15 (+ 4 DM für
Lieferung) geliefert. Für nur 26 DM
bekommt das Knabberstübchen im
Rahmen des Familientages eine (kleine) Familie satt. Die Tatsache, daß
dies von Montag bis Sonntag gilt, sei
besonders hervorgehoben.

2 SA, WC

Gesamturteil: 2 Fritten

Bärengrill

Oberhausen-Stadtmitte

Knappenstraße 62
46047 Oberhausen
Tel.: 02 08 / 86 68 93

Öffnungszeiten:
Di. bis Sa. 11:30 Uhr – 22:30 Uhr
So. 12:00 Uhr – 22:30 Uhr
feiertags 17:00 Uhr – 22:30 Uhr
Montag geschlossen

Preis für CPM: 5,10 DM

CPM im Test: CPM nicht spektakulär,
erreicht aber gute Durchschnittswerte. Hervorzuheben sind die Pommes.
Hier kann sich der wahre Freund der
abendländischen Eßkultur noch an
einem klassischen, ovalen CPM-Teller
erfreuen.

Nein, der erste Eindruck täuscht:
Dies ist nicht das Spiegelkabinett
der Cranger Kirmes. Die zahlreichen
Spiegelwände gehören vielmehr zur
Inneneinrichtung des Bärengrills.
Aufgelockert werden sie durch kost-
baren Marmor von undefinierbarer
Herkunft. Franz-Josef Dreis und Ste-
fan Brinkmeier, die beiden Besitzer,
legen viel Wert auf nobles Ambiente.
Und die beiden stehen auf Sauberkeit. Seit gut 20 Jahren grillen und
frittieren sie im Team, seit zehn Jahren gehört ihnen der Bärengrill, das
bisher letzte von sechs gemeinsamen
Schnellrestaurants. Trotz wirtschaft-
licher Flaute der ganzen Nation, die
beiden Gastronomen haben schon

wieder Expansionsgedanken. Zur
Zeit wird der Partyservice ausgebaut,
bald sollen dazu die Räumlichkeiten
erweitert werden. Reichlich ist
bereits das jetzige Angebot: Spezial-
platten ab zwei Personen (z.B. Bären-
platte), Backfisch, Spaghetti Bolo-
gnese, Loempia, Hähnchen und vieles
mehr. Bärenfleisch steht nicht auf
der Speisekarte. Franz-Josef bringt
die Unternehmensstrategie auf den
Punkt: „Sauberkeit, Qualität, und
schmecken muß es." Und damit alles
reibungslos läuft, „ist immer einer
von uns beiden Chefs im Laden."
Und selbst wenn die beiden Pausen
machen, klappt alles wie am Schnür-
chen. Der Grund: das ausgeklügelte,
hochmoderne Videoüberwachungs-
system im Chefbüro. Bärig!

Gesamturteil: 3 Fritten

Rathausgrill

Schwarzstraße 97
46045 Oberhausen
Tel.: 02 08 / 60 30 11

Öffnungszeiten:
an Werktagen 11 – 23 Uhr
an Feiertagen 13 – 22 Uhr
Di. Ruhetag

Preis für CPM: DM 5,60

CPM im Test: Die Sauce ist wahrer
Hochgenuß (vom Chef selbst kreiert),
die Fritten könnten ruhig noch etwas
brauner sein.

Inhaber Reiner Konys ist zu Recht
erster Vorsitzender der „Fachgruppe
Imbißbetriebe Oberhausen" des
Gaststättenverbandes, denn er hat
den Siegeszug der Fritte im Ruhrpott
von Anfang an begleitet: „Zu Beginn
der 50er Jahre fing mein Vater damit
an, auf dem Oberhausener Markt
frische Reibeplätzchen zu verkaufen.
Ich mußte damals, im Alter von
10 Jahren, das ganze Wochenende
auf dem Hof Kartoffeln schälen.
Meine Mutter hat mir dafür extra
ein Kartoffelschälmesser für Links-
händer gekauft. 1958 hat mein Vater
dann seine erste Pommesbude aufgemacht (Markstraße). Links und
rechts war Holz, dadrüber 'ne Plane.
Da wurden die Fritten noch in Sauer-
krauttüten gefüllt und für 20 Pfennig
verkauft. Von mehreren Buden
meines Vaters habe ich seit 1971 den

‚Rathausgrill' übernommen und
später die ‚Speckkiste' dazugekauft.
Hauptumsatzträger sind Hähnchen
aus dem neuen amerikanischen
Grill und Schnitzel. Saucen und Sala-
te mache ich jeden Morgen selbst.
Durch die nahegelegene Stadthalle
kommen hin und wieder auch
prominente Leute zu uns, z.B. so
Schlagerfuzzies wie Lechtenbrink,
Bernhard Brink und Eric Silvester."
Soweit der Chef.

Zwei Punkte seien noch hinzugefügt.
Erstens: Als einer von wenigen
Betrieben verfügt der Rathausgrill
über eine Kinderecke. Auch hierbei
hat sich der Chef etwas gedacht:
„Was heute Kinder sind, sind morgen Kunden." Ein geniales und wahrhaft zukunftorientiertes Marketing-
konzept!

Zweitens: Zur liebevoll gestalteten
Inneneinrichtung zählt neben einem
antiquierten gußeisernen Ofen
eine große Holzstatue im Eingangs-
bereich. Stammkunden bescheinigen
ihr eine große Ähnlichkeit mit
dem Besitzer. Hat Reiner Konys sich
schon zu Lebzeiten ein Denkmal
gesetzt?

Gesamturteil: 3 Fritten

Wer ist hier der Chef? Reiner Konys in seinem
„Rathausgrill", Oberhausen.

Lady-Grill

Oer-Erkenschwick

Ahsener Str. 62
(Nähe Stimberg-Park)
45739 Oer-Erkenschwick

Öffnungszeiten:
Mo. bis Fr. 12 bis 22 Uhr
So. 16 bis 22 Uhr
Do. Ruhetag

Preis für CPM: 5,50 DM

CPM im Test: Eine ordentliche Portion und leckere Tunke haben die Testesser überzeugt.

Seit ca. 20 Jahren ist der Lady-Grill in Erkenschwick eine Institution, wenn es um die Beköstigung der Stimberg-Städter mit Pommes, Currywurst und anderen Imbißspezialitäten geht. Angesichts der unglaublichen Vielfalt an verlockend anmutenden Schnitzelgerichten ist es geradezu eine Schande, sich im Lady-Grill nur CPM zu bestellen. Eine weitere Spezialität des Hauses ist der Steakburger, der nach Aussage vieler Stammgäste „richtig süchtig" machen kann.

Am Rande der Haard gelegen, ist dieser Pommespalast natürlich ein beliebter Treffpunkt vieler Biker, die an den sonnigen Wochenenden im Grünen ihre Runden drehen. Auf unsere Rückfrage sollen sich hier in den Sommermonaten auch eine Menge Camper 'rumtreiben. Wer hätte gedacht, daß die alte Bergbaustadt Erkenschwick auch etwas mit Campingvergnügen zu tun haben könnte? Die rustikal-gemütliche Einrichtung bietet knapp 30 Hungrigen Platz. Es ist auffallend sauber, und die sehr freundliche Bedienung macht einen durchweg kompetenten Eindruck. Ein Besuch bei den Ladies vom Lady-Grill ist nicht nur für wahre Gentlemen ein Vergnügen und empfehlenswert!

1 SA, 1 ZA, WC, 25 Sitzplätze

Gesamturteil: 4 Fritten

Die kultigsten Buden im Test
Oberhausen
Oer-Erkenschwick

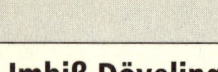

Imbiß Döveling

Recklinghausen-Süd

Bochumer Str. 66
45661 Recklinghausen
Tel.: 0 23 61 / 76 54

Öffnungszeiten:
täglich 11:30 – 23 Uhr
So. 16 – 23 Uhr

Preis für CPM: 4,90 DM

CPM im Test: Aufregend ist die Zubereitung der Sauce: Auf die geschnit-
tene Wurst wird die eigentliche Sauce
gegossen. Bei „extra scharf" wird
ein Currypulver dazugegeben, und
das scheint wirklich direkt aus den
Abgründen der Hölle zu kommen.
Auf das Ganze kommt dann noch
kalte Currysauce aus der Saftflasche.
Durchschnittsfritten runden das
Gesamtbild ab.

Diese Bude im Recklinghäuser Süden
ist die älteste der Stadt. 1960 gegründet, übernahm Helmut Döveling diesen Klassiker bereits ein Jahr später,
und der Inhaber hat bis heute nicht
gewechselt, auch wenn er Mitte der
60er Jahre fast vor dem Aus stand. Im
Zuge der ersten Bergbaukrise blieben
viele Kumpel weg, der Grill berappel-
te sich aber wieder. Zum 25jährigen
Jubiläum hat er sich dann auch nicht
lumpen lassen und jedes Gericht
für 1 DM über die orangefarbene
Theke gehen lassen. Orange ist übrigens, im Wechselspiel mit Giftgrün,
die dominierende Farbe des Interieurs.

Auffallend an der Inneneinrichtung
der 12-qm-Bude ist auch der ständig laufende Fernseher (seinerzeit
einer der ersten Farbfernseher in der
Gegend). Von außen besticht das
Gebäude durch eine massive und
braungestrichene Holzkonstruktion.
Böse Zungen sprechen abwertend
auch schon mal von „Bretterbude".

Groß geschrieben wird ressourcen-
schonender Umweltschutz. Wer
das standardmäßige Metallbesteck
verweigert und auf Plastik besteht,
zahlt dafür eine Art „Umweltsünder-
Zuschlag" von 10 Pfennig. Und auch
die leeren Mayoeimer werden nicht
einfach auf den Müll geschmissen.
Für 50 Pfennig wechseln diese nützli-
chen Haushaltsbehälter ihren Besitzer.

Für 2,20 DM kann man Pferdeklöpse
erwerben, und die Süder verzehren
reichlich davon. Weitere Delikatessen
sind die Hähnchen, die mit ihrem
besonderen Gewürz (Geheimrezept)
auch über die Stadtgrenzen hinaus
für Furore sorgen. Hier siegt der gute
Geschmack. Das Motto „Das Auge
ißt mit" steht eher im Hintergrund.

Fernseher

Gesamturteil: 2 Fritten

Imbiß Pappa Mia (Rondo)

Recklinghausen-Suderwich

Suderwichstr. 61
45665 Recklinghausen
Tel.: 0 23 61 / 8 75 68

Öffnungszeiten:
So. bis Sa. 12 bis 22 Uhr
Mi. Ruhetag

Preis für CPM: 4,40 DM

CPM im Test: Der Geschmack von C, P und M ist ordentlich, die Menge gigantisch, der Preis (fast) unschlagbar.

Auf dem Wege von Recklinghausens City Richtung Suderwich liegt eine der besten Pommesbuden, die die Umgebung zu bieten hat. Wer den Laden betritt, glaubt sich in einer anderen, irgendwie zeitlosen und gemütlichen Welt wiederzufinden. Die Einrichtung dieses etwas über 50 qm großen Ladens überzeugt durch eine stilistische Vielfalt, die einfach über jeden Zweifel erhaben sein muß: Jugendstil, Country & Western, Campingromantik und ein Hauch des unverwechselbaren südländischen Charmes verwirren und verwöhnen das Auge des Besuchers gleichermaßen. Die Bandbreite des Geschirrs, auf dem die üppigen Speisen dargereicht werden, reicht vom Pop-Art-Teller bis zum Kaffeetafelservice mit victorianischen Jagdmotiven. Und wer sein Bier nicht aus der Flasche trinken mag, kann auf eine kleine und bunte Gläserkollektion zurückgreifen, die auf der Eistruhe (Schroer-Eis) steht. Etwas abenteuerlich gestaltet sich der Gang zur Toilette. Der stille Ort liegt vorborgen hinter einem Theatervorhang. All das wird dann auch noch wie in Mutter's Küche von nicht zu lauter WDR-2-Musik untermalt.

Hinter dem Tresen und in der winzigen Küche wirbelt der bestfrisierte Imbißbesitzer (Smaja Tahirovic), den das Ruhrgebiet kennt. Man wird hier superfreundlich bedient und geradezu familiär begrüßt, stets nach dem Wohlbefinden befragt, und Zeit für ein kleines Schwätzchen zwischen Schnitzeln und Schaschlik ist allemal vorhanden.

Von den verschiedenen Grill-, Gyros-, Balkan- und Schnitzeltellern (alle um die 10,50 DM incl. Salat) ist man, vorausgesetzt, man schafft sie, noch nach einer Woche satt. Bock auf Pizza oder Nudelauflauf? Kein Thema für den Pappa-Mia-Imbiß! Selbst Pizzabrötchen mit Kräuterbutter nebst einer Flasche Lambrusco stehen hier im Programm. Vor allem samstags kurz vor „ran" und Sonntags zwischen „Lindenstraße" und „Tatort" tobt hier der Bär. Der große Andrang trotz dezentraler Lage läßt den Rückschluß zu, daß es sich um einen echten Insider-Tip handelt. Stamm-

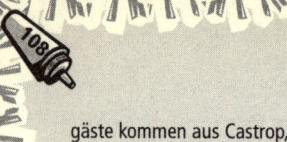

gäste kommen aus Castrop, Herne und Marl. Bei der großen Konkurrenz spricht alleine das Bände. Ja, dieser Laden hat neben der einzigartigen Atmosphäre einfach dieses gewisse „Etwas"!

2 ZA, WC

Gesamturteil: 5 Fritten

Sattmacher

Recklinghausen-Stadtmitte

Börster Weg 58
45657 Recklinghausen
Tel.: 0 23 61 / 1 46 69

Öffnungszeiten:
Di. bis Sa. 11 – 23 Uhr
So., Mo. und Feiertage
16 – 23 Uhr

Preis für CPM: 4,90 DM

CPM im Test: Wurst und Kartoffel-stäbchen rundum deliziös, aber Achtung: Zipfelalarm (siehe Text)!

Der Sattmacher im malerischen Recklinghäuser Nordviertel gehört nicht nur für die heimischen Nordlichter seit Urzeiten zum Inventar dieses Stadtteils. Wo früher Autos den leeren Tank auffüllen ließen, werden heute an der umfunktionierten Tankstelle hungrige Gäste bedient. Geblieben ist der Ölwechsel. Im Gegensatz zu den Frittenbuden in Fußballhochburgen wie Dortmund, Gelsenkirchen oder Bochum, wo durch Vereinswimpel und Hochglanzposter ein Hauch europäischen Spitzenfußballs verbreitet wird, vermittelt hier das Bild der Oberliga-Fußballtruppe von Blau Weiß Post Recklinghausen den Eindruck von Viertklassigkeit. Die Gerichte sind allerdings schon lange bundesligatauglich. Von Pommes und Pizza über Pils, Pusza-Teller und Putenschnitzel bis hin zum pikanten Paprikasalat und Partyservice steht hier alles auf der Palette. Und das zu prima Preisen. Wer allerdings, wie einem der Frittenpolizisten passiert, Doppelt Pommes Currywurst bestellt, aber Doppelt Currywurst erhält, sollte nach der Reklamation darauf achten, daß die neue Portion nicht vier Wurstzipfel aufweist!

Personen mit niedrigem Salzgehalt kommen an dem Paprikasalat nicht vorbei, der dem Toten Meer locker Paroli bieten kann. Doch soviel sei gesagt: Für zwei Frittentester ist der Sattmacher regelmäßiger Anlaufpunkt. Und das will was heißen!

Gesamturteil: 4 Fritten

Snack-Shop

Castroper Str. 88
(vor dem OBI-Parkplatz)
45665 Recklinghausen
Tel.: 0 23 61 / 4 77 44

Öffnungszeiten:
Montag bis Samstag 11 – 22 Uhr
So. und feiertags geschlossen

Preis für CPM: 5,70 DM

CPM im Test: kein kulinarisches
Highlight, aber üppige Portionen.

Diese Bude ist die Wiege dieses
literarischen Standardwerkes, denn
hier wurde die Idee zum Frittenführer
Ruhrpott geboren.

Der Snack-Shop bietet gleich an mehreren Stellen der Festspielstadt seine
Kostbarkeiten an. Im März 1974 ent-

stand der erste Laden auf der Müh-
lenstr. 68. Die Pacht betrug damals
60 DM pro Monat. Weitere vier Lokale
kamen hinzu, so auch der erwähnte
Betrieb auf der Castroper Straße im
Jahre 1980. Spezialitäten sind neben
CPM auch Hot Dog und Hamburger.
Eine Besonderheit der ganz anderen
Art ist die Geschicklichkeit der Mitarbeiter an der Wurstschere. Nach Aussage der Besitzer wurde sogar schon
ernsthaft mit dem Gedanken gespielt,
in „Wetten, daß" gegen eine Wurst-
schneidemaschine anzutreten.

1 SA, 1 ZA, Parkplätze

Gesamturteil: 3 Fritten

Speisegaststätte Höwer

(besser bekannt als „Curry-Heini")

Dortmunder Str. 20
45731 Waltrop
Tel.: 0 23 09 / 28 08

Öffnungszeiten:
täglich 11 – 23 Uhr
Mi. Ruhetag

Preis CPM: 5,20 DM

CPM im Test: Curry-Heini hat sich
seinen Namen mit seiner speziellen
Tunke verdient. Auch bei der Zubereitung der Fritten versagt er nicht.

Waltrop hat drei echte, überregional
bekannte Attraktionen:

1.) das Parkfest
2.) den Pyama-Ball
3.) Curry-Heini!

Samstagabend, Showtime. Curry-Heini unterhält die zahlreichen Gäste in seinem Laden. Auch wenn man nicht genau weiß, wo der Betrieb zu finden ist – einfach dem Lärm nach, denn das Organ des Chefs ist meilenweit durch die Waltroper City zu hören. Heute geht's mal wieder um Fußball. Im Expertenkreis wird noch mal der Bundesliga-Spieltag analysiert. Besonders beklagenswert ist die erneute Niederlage der Gladbacher, dem erklärten Lieblingsclub des Hähnchenkönigs. Vor 34 Jahren übernahm Heinrich Höwer den Betrieb. Damals kostete die Portion Pommes noch lumpige 70 Pfennig. Zu der anfänglichen Spezialität der Currywurst gesellte sich bald auch das Grillhähnchen. Zum Jubiläum jubelte die Lokalpresse: „Seit 25 Jahren gibt Curry-Heini den Hähnchen die letzte Ölung." Denn um den Flattermännern nach der Bräunung im Ofen die finale Knusprigkeit zu geben, müssen sie noch mal durch die Friteuse schwimmen. Die gesamte Atmosphäre ist es aber, die diesem Imbiß einen außerordentlichen Status verleiht. Nur ein Wermutstropfen konnte unsere Begeisterung trüben. Denn das Original geht in den wohlverdienten Ruhestand und wird deshalb wohl nicht mehr lange im Geschäft stehen. Sohn Ludger soll den Laden künftig weiterführen. Bis zur Jahrtausendwende sollte man also den Weg zu Curry-Heini finden, am besten Samstag abends – denn dann ist wieder Showtime.

1 ZA, Fernseher, Musik, Kindersitz, 45 Sitzplätze

Gesamturteil: 5 Fritten

Eddi's Durst & Wurst Express   *Witten-Annen*

In den Höfen 20
58453 Witten

Öffnungszeiten:
Mo. bis Fr. 13 – 20:30 Uhr
Sa. / So. geschlossen

Preis für CPM: 5,00 DM

CPM im Test: Vorsicht: Auf keinen Fall Doppel-Mayo bestellen. Schon bei Einfach-Mayo hat man große Schwierigkeiten, die Fritten aus dem riesigen, weißen Haufen zu bergen. Grund für diese Großzügigkeit ist sicherlich auch die Methode, mit der hier noch die Mayo auf die Fritten kommt: Nach ganz alter Schule wird sie mit einem einfachen Eßlöffel direkt aus dem Eimer gekratzt. Daß es dabei schon mal zu Dosierungsschwierigkeiten kommen kann, leuchtet ein. Pommes und Currysauce sind übrigens außergewöhnlich schmackhaft!

Setzt seit den 50er Jahren architektonische Maßstäbe: „Eddi's Durst & Wurst Express" in Bochum-Witten.

Bereits Ende der 50er Jahre öffnete der Express zum erstenmal seine Pforten. Günstig gelegen (gegenüber von Thyssen), machte sich der Grill bald einen guten Namen. Vor 27 Jahren übernahm dann Edmund Berkenberg den Laden, der damals auch noch Kioskartikel verkaufte. „Die Arbeiter, die hier mittags kamen, erzählten ihren Frauen von uns, und die besuchten uns dann auch bald", so Edmund „Eddi", der bis heute im Dreierteam mit Ehefrau und Schwester den Betrieb führt. Und auch bei den Kindern wurde der Frittenexpress schnell zum Anziehungspunkt. Wer den Spruch „Da pfeifen die Spatzen von den Dächern, Eddi's Pommes sind die besten" in Anwesenheit des Chefs rezitieren konnte, bekam dafür Lutscher und Bonbons. Aus gastronomischer Sicht sind die selbstgemachten Schaschliks zu erwähnen. Nach Eddis Aussage „verkaufen wir jeden Tag genauso viele, wie wir stecken können". Aus künstlerischer Sicht darf der Hinweis auf eine Szene in Willi Thomczyk's Film „Gib mich die Kirsche" (1998) nicht fehlen. Acht Stunden dauerte der Drehtag vor der Bude. Im Mittelpunkt standen ein leckeres Madagaskar Schnitzel und Eddis selbstgesprochener Satz: „Das zweite ist auch fertig."

1 ZA, 1 Kaugummiautomat

Gesamturteil: 4 Fritten

Von spitzen
Fritten

Fritten im Alltag – Briefe an die Autoren

*Es ist noch gar nicht so lange her, da durchlebte ich eine ganz
schwere Zeit in meinem Leben. Und das, obwohl es mir rein äußerlich
gesehen wirklich gut ging. Mein Mann arbeitete rund um die Uhr,
unser gemeinsamer Sohn Kevin Jonas war auf Klassenfahrt, und
unsere ISDN-Telefonanlage funktionierte schon seit fünf Tagen fehler-
frei. Plötzlich, grundlos also, stürzte ich gegen 22.00 Uhr in eine tiefe
Depression. Mit dieser schleppte ich mich zu Pommes-Kurt, der seine
Fritten- und Hähnchenbude „Die Letzte Ölung" gerade schließen
wollte. „Mach's nicht, Pommes-Kurt", sagte ich, „mir geht's nicht
gut", worauf Pommes-Kurt noch mal fünfe gerade sein ließ. „Anke,
Fritten helfen", sagte Pommes-Kurt und schaufelte mit seiner runden
Siebkelle die vom Tagwerk verbliebenen Fritten in eine Schale.
„Hier, nimm ..." – „Was macht das?" – „Es wird dir helfen." –
„Nein, ich meine, was es kostet?" – „Laß stecken, ich bin ja froh,
daß ich sie los werde." – Ich nahm die Schale und verließ dankbar
„Die Letzte Ölung". Ich aß und vergaß.*

Anke, Lüttgendortmund, 28 Jahre alt, 97 Kilo

*Meine Frau und ich sind verheiratet. Im nächsten Monat feiern
wir unseren 33. Hochzeitstag. Und dies noch immer mit ein und
demselben Partner! Unsere Nachbarn beneiden uns deswegen sehr.
Wir verfügen über eine rundum schöne 4-Zimmer-Wohnung:
Schlafzimmer, Stapelraum, Küche und Wohnzimmer. Kinder haben
wir keine mehr, denn die sind schon beide außer Haus. (Der eine
ist mehr wie ich, der andere mehr wie seine Mutter.) An unserem
Hochzeitstag und zu besonderen Anlässen gehen meine Frau und
ich immer schön aus, zur Feier des Tages. Nicht teuer, aber dafür
ganz einfach. Currywurst mit Fritten rot-weiß, zweimal, bitteschön,
bestellen wir dann, und zwar durchaus in unterschiedlichen Frittenbuden. Wir entdecken somit unsere Umgebung und tun dabei noch
etwas für uns: Nahrungszufuhr und einen besonderen Tag feiern.
Es würde mich freuen, wenn andere, auch nach uns, unserem Beispiel folgen würden.*

Johannes, Herten-Langenbochum, 54 Jahre alt, 74,5 kg.

Herne, Olymp Grill

Sonntag, ganz später Nachmittag, Anfang November. Das bedeutet: ekelhaft depressiv stimmende Dunkelheit und ungefähr minus zwanzig Grad. Kaum einen Fuß vor die Tür gesetzt, sitzt einem die Kälte schon in den Knochen. Und bis zur „Lindenstraße" dauert's noch 'ne ganze Weile. Was soll man da machen? Ganz klar: „Laß uns nach Herne fahren!"

„Herne????? Warum Herne?" „Ja ..., hmm, irgendwo müssen wir doch anfangen."

Herne. Liegt jenseits der Emscher und hatte in unserer Kindheit genau drei Attraktionen zu bieten: die Schlagerspiele der Amateur-Oberliga zwischen der Westfalia und Erkenschwick, Schlittschuhlaufen im Gysenberg-Park und Sonntagsspaziergänge mit Mama und Papa am Schloß Strünkede (nur bei schönem Wetter). Nachdem die Westfalia in der Versenkung verschwand und Schlittschuhlaufen auch nicht mehr so hip ist, bestand für uns kaum noch ein Anlaß, sich auf die andere Seite des Kanals zu begeben. Und Schloß Strünkede war sowieso immer Scheiße. Mittlerweile sind unsere Ortskenntnisse daher recht diffus und beschränken sich auf all das, was man von der Kanalbrücke (Bochumer Straße) mit bloßem Auge erkennen kann. Nicht viel. Am besten ist, man orientiert sich also in Richtung Bahnhof. Im Falle Herne sei gesagt, daß die Bahnhofsgegend nicht gerade das Filetstück der City ist. (So einen protzig-spacigen Busbahnhof wie Recklinghausen hat halt nicht jede Großstadt zu bieten.) Aber mal unter uns Pastorentöchtern: An einem so fiesen Abend wie diesem macht auch die allerschönste deutsche Metropole eine schlechte Figur. Also, wieso nicht auch Herne?

So beginnt eine Irrfahrt durch diverse Sackgassen, unbeleuchtete Nebenstraßen und sonstige Schmuddelecken. Minuten werden zu Stunden. Für den hungrigen Ortsunkundigen ist diese Stadt wahrlich kein Eldorado. Die erste Enttäuschung gleich am Bahnhof: ein einziger gottverlassener Frittenstand! Nur für draußen!!! Angesichts der Witterungsverhältnisse der blanke Hohn. Nur die hartgesottensten sibirienerprobten Kämpfernaturen können hier ihre Currywurst mit Wonne schlemmen. Wir nicht. So ziehen wir es vor, im lecker warmen Wagen sitzen zu bleiben und in die Dunkelheit davonzubrausen. Kurz vor der Aufgabe kommen wir an einem Etablissement namens „heisse Kiste" vorbei. Damit kann aber garantiert nicht die der Bedienung gemeint sein, denn beim Blick durch das großzügige und von innen beschlagene Fenster schätzen wir sie spontan auf mindestens 70. Doch, oh Wunder! Vis à vis die Offenbarung: der Olymp Grill!

Parkplatzsuche: Trotz Dreckswetter, trotz Nebels, trotz Sonntag ist weit und breit kein geeigneter Stellplatz zu sehen. Selbst sämtliche Frauenparkplätze sind belegt. Also Kragen hoch, Knöppe runter, Augen zu und durch, rein in die dunkle Nebenstraße. Doch auch hier Fehlanzeige. Ganz Herne ist an diesem kuscheligen Abend wohl zu Hause und blockiert alle Parkmöglichkeiten rund um den Olymp-Grill. Man möchte sich gar nicht ausmalen, wie es hier wohl an einem stinknormalen Werktag zugehen mag. Also sollte der Interessierte entweder viel, viel Geduld oder einen wirklich guten Freund mitbringen, der mit dem Auto Runde um Runde um die Blöcke fährt, während man sich selbst den Bauch mit vielen Leckereien vollschlägt.

Der Olymp-Grill scheint beliebt zu sein, denn im Gegensatz zu den leergefegten Straßen tummeln sich wahre Menschenmassen in der warmen Stube. Fast alle der gut und gerne 25 Sitzplätze sind belegt, und uns bleibt daher nur der Platz auf dem zugigen Sünderbänkchen direkt neben der Tür. Das Interieur besticht durch nüchterne Sachlichkeit und eine moderne Linienführung im Bauhaus-Stil. Diese wird nur keck durchbrochen von einer stattlichen Ansammlung von Fußball-Pokalen verschiedenster Couleur. Das läßt Rückschlüsse zu: Der ansässige Thekenverein kann wohl auf eine weitaus erfolgreichere jüngere Vergangenheit zurückblicken als die gute alte Westfalia. Doch mit dieser Vergangenheit geht man hier etwas lieblos um, denn die blankpolierten Trophäen schreien nach einer Bleiglasvitrine. Statt dessen sind sie auf schlichten Holzregalen so hoch in einer Ecke aufgereiht, daß dem interessierten Betrachter ihre Herkunft verborgen bleibt. Wie findet man jetzt bloß einen schlüssigen Übergang von Fußball-Pokalen zu Kindersitzen? Davon ist im Olymp-Grill nämlich auch einer vorhanden, und man sieht ihm deutliche Spuren einer bewegten Geschichte an. Apropos: Auf die Toiletten gehen wir zwar nicht, nehmen aber beruhigt deren bloßes Vorhandensein zur Kenntnis. Für die Kurzweil der wartenden Olymp-Jünger ist hier auch gesorgt: Rechts wie links von der Theke locken bunte Geldspielautomaten mit ins Ohr gehenden Melodien und verheißungsvollen Aussichten auf satte Gewinne. Doch auch für den intellektuell angehauchten Gast liegt ein weitgefächertes Sortiment an ansprechenden Zeitschriften parat. Direkt unter den Zockomaten. Ja, der Gast soll sich hier wohl fühlen, das merkt man auf Anhieb. Zwar versprüht der vollverkachelte Saal einen eher unterkühlten Charme für eine Frittenschmiede (wir kennen da ganz andere!), dafür ist der Olymp-Grill sehr sauber, und die Tische werden sehr schnell abgeräumt (da kennen wir nämlich auch ganz andere ...).

Die entscheidende Stärke dieser Lokalität ist das versierte, routinierte und freundliche Service-Personal. Trotz des enormen Andrangs an der Theke bewahren die drei jungen Damen stets Ruhe und Übersicht. Tempo und Auffassungsvermögen bei der Bestellannahme sind nahezu rekordverdächtig. Auf unsere Bestellung warten wir vielleicht locker geschätzte siebeneinhalb Minuten. Immerhin werden uns in dieser Zeit 1x Pommes/Mayo, zwei Fleischkroketten, 1x Currywurst mit Pommes/Mayo und Krautsalat bereitet.

Stramme Leistung angesichts der teilweise exotisch anmutenden Bestellungen anderer Gäste. Die Damen werden selbst mit einer Truppe widerborstiger halbstarker Flaumbärtchen fertig. Die Sportsfreunde in Käppis und Schlabberhosen können mit dem vorgelegten Tempo kaum mithalten und kriegen ihre Teller nicht so schnell zum Tisch geschleppt, wie sie vom flotten Thekenteam bereitgestellt werden. 1 : 0 für die Olymp-Crew. Selbst als die Lümmel zu unfairen Mittel greifen und sich taub stellen (nicht gerade die feine englische Art, Jungs!), überbrückt unser Trio diesen fiesen Konter mit einem nonchalanten Lächeln. Freundlich, aber bestimmt wird zur Abholung von Speis und Trank aufgefordert. Das ist der Sieg, 2 : 0!

Zum guten Schluß die kulinarische Bewertung: echt lecker, leicht und bekömmlich. Das Preis-Leistungs-Verhältnis ist gut, bei DM 5,– für „Currywurstpommesmayozumhieressenbitte" kann man absolut nicht meckern. Auswahl: reichlich.

Schlittschuhlaufen ist und bleibt out. Doch sollte die Westfalia wieder aufsteigen, gibt es dennoch drei gute Gründe, nach Herne zu kommen, denn der Olymp-Grill lohnt einen Besuch allemal, und für einen kleinen Verdauungsspaziergang bietet sich Schloß Strünkede in unmittelbarer Nähe an. Aber wirklich nur bei schönem Wetter ...

Neulich in der Fritten-Bude ...
Eine heiße Currywurst und eine spitze Fritte kommen sich näher.

Zur Hauptverkehrszeit in Willis Frittier-Salon:

Eine unbedarfte Currywurst und eine flapsige Fritte lassen in nichtsahnender Unbekümmertheit ihre Blicke durch das dunstige Etablissement eines Vorstadt-Imbiß' schweifen, ehe sich diese wie durch eine schicksalhafte Fügung gelenkt zwischen Krautsalat und Friteuse treffen, um dort in einer Mischung aus genußvoller Erwartung und schüchterner Zurückhaltung zu verharren. Gegenseitig mustern sie schmachtend ihre triefenden Körper; die Temperatur geht stramm auf die 50 zu. Neben den halben Hähnchen kann man nun auch die knisternde Spannung mit den Händen greifen. Ein Hauch von Western liegt in der Luft, die Frage ist nur, wer zuerst zieht.

Schließlich überwindet die Fritte diese für beide unbehagliche Verklemmung, indem sie in unnachahmlicher Manier den Versuch eines aufregenden Flirts startet und dabei sämtliche Register der professionellen Anmache zieht:

Fritte: *Na, du Wurst!*
Wurst: *Tach, Fritte!*
Fritte: *Wie heißt du denn?*
Wurst: *Meine Freunde nennen mich Hans!*
Fritte: *Das ist aber ein schöner Name für 'ne Wurst!*
Wurst: *Was kostest du eigentlich so?*
Fritte: *Drei Mark zwanzig.*
Wurst: *Ganz schön viel für deine Größe!*
Fritte: *Und wo kommst du her?*
Wurst: *Vom Schwein!*

Unter dem Eindruck eines derart gelungenen Gesprächsauftakts setzt die Fritte noch einen drauf:

Fritte: *Dir steht ja dermaßen der Schweiß auf der Stirn, man*
könnte meinen, du hättest dir gerade den letzten Aufguß
fabriziert!

Ob dieser unerwarteten Direktheit verliert die Wurst kurzfristig ihre Muttersprache und rollt sich verschämt zusammen.

Die beiden beginnen sich näher zu beschnuppern, bis auch die Currywurst ihre vornehme Diskretion ablegt und zum verbalen Gegenschlag ausholt:

Wurst: *Was für einen betörenden Duft du heute aufgetragen hast,*
da geraten mir ja meine feinfühligen Riechinstrumente außer
Kontrolle!

Fritte: *Das ist der neue Pommesduft „Fritten-Inferno" aus der*
Sommerkollektion von Palmin-Bratfett.

Daraufhin reden sich die beiden in Rage, und das Gespräch droht zu eskalieren.

Wurst: *Also, ich kann mich in dieser Atmosphäre nicht länger beherr-*
schen. Laß uns zusammen in die Schale springen, ich bin schon
ganz heiß!

Fritte: *Hoppla, das würde mich schon reizen, aber da müßte noch*
einiges abgeklärt werden.

Wurst: *Ach, was?*

Fritte: *Ich meine, bist du schon mal mit anderen Fritten …?*

Wurst: *Naja, da waren schon mal so ein paar alte Kartoffelstäbchen,*
die ham sich für mich in Schale geschmissen, aber ich war
damals noch nicht gar. Und in Bayern hab ich die Tage so 'ne
vollschlanke Fritte kennengelernt, die war so fett, daß ich der
erst mal 'ne Zehnerkarte fürs Frittneßstudio geschenkt hab.
Die wurde von ihren Freunden nur noch ‚Doppelt Pommes'
genannt!

Fritte: *Bist du etwa noch Jungwurst?*

Wurst: *Ja schon, aber auch ich bin mit der Zeit reifer geworden und*
kann beim Anblick deiner erotisierenden knusprigen Bräune
ein gewisses Zucken in meinem Zipfel nicht verleugnen. Ich
glaube, ich verliere die Contenance!

Fritte: *Du Charmeur! Das ist ja ganz die alte Schule! Apropos, wie*
steht's eigentlich mit Verhütung?

Wurst: *Ja, guck mich doch mal an, Fritte. Die haben mich doch schon*
in so 'ne Pelle reingepreßt!

Fritte: *Na dann kanns ja losgehen. Ich sach der Alten hinter der The-*
ke, sie kann schon mal die Koje klar machen.

Bettgeflüster …

Fritte: *Also, Fritte, du bist einfach das Schärfste, was mir jemals unter*
die Mayo gekommen ist!

Wurst: *Respekt, du gehst ja forsch ran!*

Fritte: *Und du hast vielleicht üppige Kurven, da würde selbst der*
Schumi ins Schleudern geraten!

Nachher:

Fritte: *So, ich muß jetzt erst mal daddeln gehn!*

Mit dieser pussierlich anmutenden, von amoröser Nonchalance begleiteten Szene begann damals eine leidenschaftliche Beziehung, die durch geschicktes Taktieren und Vortäuschung permanenter Übelkeit so manchen menschlichen Hunger und die eine oder andere Ölkrise unbeschadet überstand.

Doch wie das Leben so spielt, fand leider auch diese Liaison eines Tages ein abruptes Ende, als die Pommes mit einer wesentlich jüngeren Jägerwurst fremdging. Sie war halt doch nur ein Frittchen.

Die Currywurst ließ sich daraufhin zerstückeln und zum Fraß vorwerfen.

Und die Moral von der Geschicht': Der Wurst geht's schlecht, der Mensch erbricht.

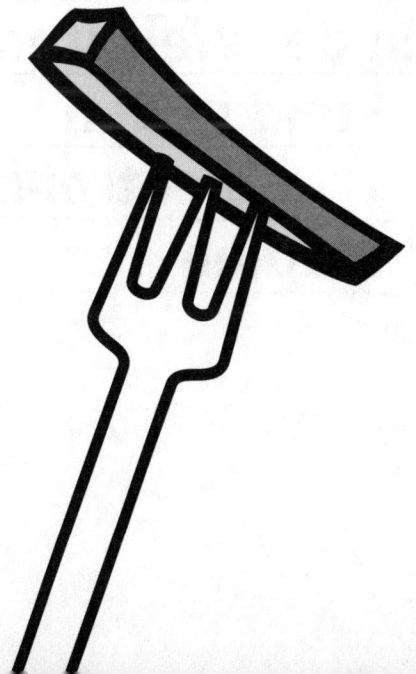

Die Fritte
in der Weltliteratur
und in den
elektronischen
Medien

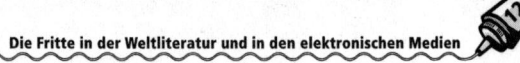

Die Fritte als Gegenstand der Weltliteratur

William Golding: *Herr der Fritten*

Sir Arthur Conan Dole: *The chips of the Baskervilles*

Gotthold Ephraim Lessing: *Nathan, der Rotweiße*

Friedrich Schiller: *Die Jungfritte von Orleans*

Friedrich Schiller: *Don Gyros*

Bert Brecht: *Die gute Wurst von Sezuan*

Bert Brecht: *Die Dreigroschenfritte*

Theodor Storm: *Die Schimmelfritte*

John Steinbeck: *Jenseits von Fritten*

James Fenimore Cooper: *Die Lederwurst*

Agatha Christie: *10 kleine Jägerwürste*

Heinrich Böll: *Gruppenbild mit Wurst*

Oscar Wilde: *Die Wurst des Dorian Gray*

Philippe Djian: *Fritty Blue*

Hans Fallada: *Kleine Wurst – was nun?*

Friedrich Dürrenmatt: *Die Fritte und ihr Henker*

Alexandre Dumas: *Der Graf von Mayo-Christo*

Hermann Melville: *Mayo Dick*

Jules Verne: *Reise um die Erde mit 80 Fritten*

John le Carré: *Die Wurst, die aus der Kälte kam*

Johannes Mario Simmel: *Und Jimmy ging zur Pommesbude*

Harriet Beecher-Stowe: *Onkel Tom's Fritte*

Die Fritte in großen Kinofilmen

Der rotweiße Hai

Meuterei auf der Currywurst

Pommes ante portas

Der Mann, der zuviel Würste (Alfritt Hitchcock)

Curry und Sally

Die Rückkehr der Jedifritten

Indiana Jones: Jäger des verlorenen Schnitzels

Edgar Wallace: Der Mönch mit der Mayo

Fritty Woman

Vier Würstchen für ein Halleluja

Auf der Currywurst ist die Hölle los

Die Fritte in Agentenfilmen

Liebesgyros aus Moskau

007 jagt Dr. Mayo

Fettfinger

License to grill

Im Geheimdienst ihrer Mayostät

Die Fritte im Kinderprogramm

Ronja, die Räuberwurst

Schneefrittchen und die sieben Zwiebeln

Alice im Würstchenland

Tom & Curry (Jagdszenen in Hollywurst)

Die Biene Mayo

Die Fritte in Fernsehserien

Verbotene Fritte

Plusmayo (Das Frittenmagazin)

Wie fritte?!

Alfrittissimo

Gute Fritten, schlechte Fritten

Drei Schnitzel für Charlie

Karl Moik's Frittenstadl

Die Fritte in Talkshows

Bärbel Schäfer: *Warum kämpfst du nicht für unsere Fritten?*

Fliege: *Sadomayofrittmus*

Vera am Mittag: *Nach dieser Wurst war alles anders*

Sonja: *Verzweifelt – Meine Wurst wurde entführt*

Ilona Christen: *Ja, früher war ich eine Zigeunerwurst*

Frittengesetz

Dem Herausgeber ist ein im Altpapiercontainer des Deutschen Bundestages gefundener Gesetzentwurf zugespielt worden, der erkennen läßt, daß man sich auch hier der Bedeutung des Themas, dem dieser Führer gewidmet ist, langsam bewußt wird. Wir können nur hoffen, daß die hier in Aussicht genommenen Regelungen schnell Eingang in die deutsche Pommes- und Gesetzeslandschaft finden.

Gesetz zum vorsorgenden Schutz der Bevölkerung gegen die Abgabe unsachgemäß bereiteter Currywürste und Pommes im Freihandverkauf und im Pommesbudengewerbe (Currywurst-Pommes-Verbreitungskontrollgesetz, CPVKG)

Zweck des Gesetzes

Die Gestaltung eines entwickelten Systems der Versorgung breiter Bevölkerungsschichten mit den gesundheitsfördernden und sättigenden Spezialitäten der heimischen Freihandküche und des Pommesbudengewerbes erfordert den Schutz der Konsumenten vor Gesundheitsgefahren und Ekel. Die Regelungen des CPVKG verfolgen den Zweck, einen einheitlichen hohen Standard in der Versorgung mit diesen Grundnahrungsmitteln zu gewährleisten. Im Bewußtsein dieser Verantwortung und Kenntnis der ekelerregenden Fehlleistungen, die nicht erst in der jüngeren Vergangenheit das Vertrauen in dieses Gewerbe erschüttert haben, hat der Deutsche Bundestag mit der Zustimmung des Bundesrates dieses Gesetz beschlossen.

§ 1   Begriffsbestimmung

Pommes im Sinne dieses Gesetzes sind die in heißem Pflanzenfett gegarten Stäbe aus Kartoffeln sowie gepreßten Kartoffelrückständen. Ergänzende Bezeichnungen wie Frites, frites, frits oder Fritz sind möglich. Die gesetzliche Begriffsbestimmung wird dadurch weder ergänzt noch geändert. Dem regionalen Sprachgebrauch ist dergestalt Rechnung zu tragen, daß in begründeten Ausnahmefällen auf Antrag bei der zuständigen Behörde die Bezeichnung von Pommes als Fritten gestattet werden soll. Fritten gelten insoweit als Pommes im Sinne dieses Gesetzes.

Als Currywürste gelten die mundgerecht proportionierten, mit Saucen übergossenen und mit Currypulver gewürzten Stücke der in Natur- oder

Kunstdärmen gebratenen Mixturen verschiedener Fleischsorten unter Verwendung zusätzlicher Gewürze und von Konservierungsstoffen.

Pommesbuden sind die Stätten, die zum Verzehr der dort in Gemäßheit der Absätze 1 und 2 bereiteten Speisen bestimmt sind. Freihandverkauf ist die Darreichung dieser Speisen zur Mitnahme an jeden anderen Ort.

Darreichungspersonen sind Zubereitungspersonen sowie jeder, der mit den in den Abs. 1 und 2 bezeichneten Speisen zwischen der Entnahme aus dem Tiefkühlfach und der Darreichung bestimmungsgemäß in Berührung kommt. Zubereitungspersonen sind diejenigen, die die Zubereitung selbst vornehmen oder durch einen anderen weisungsgebunden vornehmen lassen. Bereiten mehrere die Speisen gemeinschaftlich zu, so ist jeder von ihnen Zubereitungsperson.

§ 2 Abmessung und Darreichungsform für Pommes

Die Darreichung von Pommes im Sinne dieses Gesetzes ist nur unter den folgenden Maßgaben gestattet:

- Pommes haben goldgelb und knusprig, aber auch saftig zu sein.
- Nach dem Entfernen aus dem Fett sind sie nicht unter siebenmal abzuschütteln.
- Vor der Verabreichung sind sie leicht zu salzen. Dabei darf der mittlere Salzgehalt einer Portion den einer entsprechenden Menge Salzstangen nicht überschreiten.
- Pommes dürfen den Durchmesser des kleinen Fingers und die Länge des Mittelfingers der Zubereitungsperson nicht überschreiten.
- Der Anteil der dargereichten Menge, der kleiner oder härter als ein frisches „Daim" ist, darf ein Zehntel der Portion nicht übersteigen.

Die mittlere Temperatur der dargereichten Menge darf das Eineinhalbfache der Körpertemperatur jeder Zubereitungsperson nicht unterschreiten. Die Höchstgrenze beträgt das Eineinhalbfache dieses Wertes.

Die mit einer Portion dargereichte Menge darf das zur Stillung des kleinen Hungers eines Erwachsenen Erforderliche nicht unterschreiten.

Vor dem Verabreichen hat die Darreichungsperson die Präferenzen des Konsumenten bezüglich des Zusatzes von Geschmacksverstärkern zu erfragen („Auf die Pommes was drauf?"). Zulässig ist jede weitere Formulierung, die unter Berücksichtigung der Verkehrssitten sowie unter Einbeziehung regionaler Besonderheiten den Willen der Darreichungspersonen erkennen läßt, den Wunsch des Gastes nach zusätzlichen Geschmacksverstärkern zu erfragen.

In begründeten Fällen kann die Zulässigkeit einer Formulierung auf Antrag von der zuständigen Behörde festgestellt werden. Geschmacksverstärker im Sinne dieser Vorschrift ist neben Mayonnaise und Ketchup die in § 3 Abs.1 bezeichnete Sauce.

In Einzelfällen kann die zuständige Behörde auf Antrag Ausnahmen von den genannten Erfordernissen gestatten, soweit dadurch die Qualität der Speise keine Einbußen erleidet.

§ 3 Abmessungen und Darreichungsformen für Currywürste

Die Darreichung von Currywürsten im Sinne dieses Gesetzes ist nur unter den folgenden Maßgaben gestattet:

– Die Wurst ist knusprig zu braten. Ein die Dauer von zehn Minuten übersteigendes Warmhalten ist nicht gestattet.
– Vor dem Zerkleinern sind die Wurstzipfel in einer Breite des kleinen Fingers der mit dem Zerkleinern befaßten Zubereitungsperson zu entfernen. Das Zerkleinern kann maschinell oder von Hand erfolgen. In jedem Fall sind heruntergefallene Stücke wegzuwerfen.
– Die zum Würzen verwendete Sauce darf die durchschnittliche Qualität eines handelsüblichen Markencurryketchups nicht unterschreiten.
– Die Sauce hat die Wurst in voller Länge und Breite zu überdecken.
– Auf Wunsch ist die Currywurst ohne Mehrpreis mit Currypulver oder Paprikapulver oder Currypulver und Paprikapulver nachzuwürzen.

Die Vorschriften des § 1 Abs. 2 und 3 sowie des § 2 Abs. 5 finden entsprechende Anwendung.

§ 4 Verabreichung in Pommesbuden und Freihandverkauf

In Pommesbuden sind Sitzplätze in einer Zahl bereitzustellen, die die Hälfte der durchschnittlich auf dem Grill befindlichen Würste nicht unterschreiten darf.

Die Zahl der Sitzplätze je Tisch darf sechs nicht überschreiten. Für jeden Tisch ist ein Geldspielautomat bereitzuhalten. Der Einsatz weiterer Unterhaltungsspielgeräte ist nicht beschränkt.

Einrichtung und Darreichungspersonen sind sauber zu halten. Die Zahl der in den Verabreichungsräumen anwesenden Fliegen darf in den Sommermonaten das Dreifache der Zahl der anwesenden Darreichungspersonen nicht übersteigen.

Die Zeit zwischen Bestellung und Darreichung muß so bemessen sein, daß einem durchschnittlichen Konsumenten der Verzehr bis zum Ende der Halbzeitpause ermöglicht wird.

Im Freihandverkauf gilt Abs. 3; entsprechend findet Abs. 4 sinngemäße Anwendung.

§ 8 Verordnungsrecht des Bundesgesundheitsministers

Der Bundesgesundheitsminister kann mit Zustimmung des Bundesrates zur Abwehr dringender Gefahren für die öffentliche Sättigung weitere Maßnahmen im Weg der Verordnung treffen.

§ 9 Einschränkung von Grundrechten

Durch dieses Gesetz wird das Grundrecht aus Art. 12 des Grundgesetzes (Freiheit der Berufsausübung) beschränkt.

§ 10 Zuständige Behörden; Verfahren; Überprüfungspflicht der Behörden

Die zuständigen Behörden sind von den Ländern einzurichten und mit dem notwendigen fachkundigen Personal auszustatten. Das Verfahren regeln die Länder.

Die zuständigen Behörden sind verpflichtet, den in ihrem Zuständigkeitsbereich stattfindenden Verkauf regelmäßig zu überprüfen. Der Behördenleiter kann in Abstimmung mit dem Personenrat vorsehen, daß jedes Mitglied der Behörde eine bestimmte Zahl von Pommes- und Currywurst-Essen im Monat nachzuweisen hat.

§ 11 Übergangs- und Schlußbestimmungen

(1) Die Bestimmungen der allgemeinen Gesetze sowie des Gaststättengesetzes finden Anwendung, soweit dieses Gesetz nicht ein anderes bestimmt.

(2) Dieses Gesetz gilt nicht in den Bundesländern, in denen die in diesem Gesetz bezeichneten Speisen vor dem 1. Januar 1998 nicht ordnungsgemäß zubereitet werden konnten.